Norbert Blüm

Gerechtigkeit

HERDER spektrum

Band 5789

Das Buch
Wer den Menschen nur als Kostenfaktor sieht, missachtet seine
Würde. Auch in Zeiten der Globalisierung und knapper werdender
Kassen, so Blüm, sind Menschenwürde und sozialer Zusammenhalt
kein Klotz am Bein. In scharfer Auseinandersetzung auch mit den
geistigen Fundamenten und mit der Realität des Kapitalismus klärt
er aktuelle Fragen: Arbeit, Solidarsysteme, Globalisierung. Inspiriert
von der christlichen Soziallehre – ein klärender Beitrag zur aktuellen
Debatte. Und die Betonung eines Wertes, der zunehmend verloren
zu gehen scheint. Die Frage nach der Gerechtigkeit ist nicht zufällig
Ausgangspunkt der abendländischen Philosophie – und unserer Kultur. Norbert Blüm versteht es, sie aus abstrakten Formeln zu lösen
und sie zurückzubinden an die Menschen, die Gerechtigkeit erfahren, nach ihr streben oder denen sie enthalten wird. Ein notwendiges Buch für unsere politische Kultur und eine scharfe Auseinandersetzung mit Tendenzen, die eben diese Gerechtigkeit abschaffen
wollen.

Der Autor
Norbert Blüm, Dr. phil., geb. 1935, Werkzeugmacherlehre, Studium
u. a. der Germanistik und Philosophie, von 1972–2002 MdB,
1981–2000 Mitglied des Präsidiums der CDU, 1982–1998 Bundes-
minister für Arbeit und Sozialordnung. Mitglied der IG Metall,
amnesty international und der Kolpingfamilie. Zahlreiche Buchver-
öffentlichungen.

Norbert Blüm

Gerechtigkeit

Eine Kritik des Homo oeconomicus

HERDER

FREIBURG · BASEL · WIEN

Gedruckt auf umweltfreundlichem, chlorfrei gebleichtem Papier

2. Auflage

Originalausgabe

Alle Rechte vorbehalten – Printed in Germany
© Verlag Herder Freiburg im Breisgau 2006
www.herder.de
Satz: Barbara Herrmann, Freiburg
Druck und Bindung: fgb · freiburger graphische betriebe 2007
www.fgb.de
Umschlaggestaltung und Konzeption:
R · M · E München / Roland Eschlbeck, Liana Tuchel
Autorenfoto: © dpa
Umschlagmotiv: © Corbis
ISBN: 978-3-451-05789-2

Für Lilian, Malou, Franka, Felize, Linus, Gilbert,
meinen Enkelkindern,
für welche die Zukunft Gegenwart sein wird.

Inhalt

Zur Einstimmung

Im Drei-Länder-Eck Brasilien – Argentinien – Paraguay ist im Kleinen zu studieren, was im Großen Globalisierung ist.

1. Oh schöne neue Welt

IPATU, das größte Kraftwerk der Welt, ist eine technische Höchstleistung von pharaonischem Ausmaß. Es ist der neuzeitliche Versuch, den Turmbau zu Babel nachzuahmen. Doch reckt sich das gigantische Bauwerk nicht in die Höhe, sondern erstreckt sich Kilometer lang in die Horizontale. Im Unterschied zu seinem biblischem Vorbild Babel wurde sein technologischer Nachfolger IPATU allerdings vollendet und funktioniert sogar. Er liefert Strom in drei Länder: Brasilien, Argentinien und Paraguay.

In nächster Nachbarschaft zum Wasserwerk IPATU liegt der Wasserfall Iguazu, der größte Wasserfall der Erde, jedenfalls was die Wassermassen betrifft, die er verschlingt. Er ist ein touristisches Highlight, das Bewunderer aus aller Herren Länder anzieht. Die luxuriösen Hotels quellen über von Schaulustigen, die sich das Naturwunder nicht entgehen lassen wollen und sich nebenbei noch in ihren Suiten verwöhnen lassen.

Technik und Spaß, so stelle ich mir die schöne globale Welt vor. Eine Symbiose aus Gigantomanie und Fun.

Doch leider ist hinter dem heiteren Gesicht des Fortschritts die Fratze des Elends versteckt: Ausbeutung, Unterdrückung, Menschenverachtung. Die diabolische Trinität hat hier ein Hauptquartier.

In den Städten Iguazu und Ciudad del Este rechts und links des Parana, dem Grenzfluss, gleichsam in Sichtweite der beiden Weltwunder Wasserfall und Wasserkraftwerk, arbeiten Tausende von Kindern auf dem Strich, werden als Drogenkuriere über die Grenze geschickt, notfalls schwimmend durch den strudelreichen Parana, und hier und da, und zwar in schöner Regelmäßigkeit, werden auch ein paar von ihnen ermordet. In den fünf Tagen, in denen ich da war, gab es zehn ermordete Kinder, die gefunden wurden. Den Stadtplan dieser beiden Megastädte haben Hilfswerke zwecks Übersicht über die Gefechtslage mit tausend kleinen schwarzköpfigen Stecknadeln übersät, mit denen die Stätten der Morde markiert werden. Der Stadtplan von Ciudad del Este und Iguazu sieht aus, als habe er die Pocken.

Dokumentiert sind die Verbrechen gut. Man weiß, wo die Kinder umgebracht wurden. Man kennt auch die Geschäftemacher, in deren Auftrag die Mörder ihr Handwerk erledigt haben. Es bedarf keiner weiteren Diagnosen und Berichte. Eine Handvoll Aktion wäre mehr als ein Sack voller Analysen.

2. Die Wegseher

Es ist ein schrilles Stück, was hier gespielt wird. Glamour und Elend, Totentanz und Überfluss.

Natürlich stehen auch die reichen Großgrundbesitzer auf der Besetzungsliste des Schauspiels. Sie haben hier ihre Stadtwohnung, wo sie den größten Teil des Jahres in ihren klimatisierten Räumen verleben, um sich die Zumutungen des Ackerbaus und der Viehzucht vom Leibe zu halten, mit denen sie ihr Geld verdienen lassen.

„Nein. Kinderprostitution gibt es hier nicht. Gott bewahre", entrüstete sich brillant die dekorierte Dame, und sie ist wegen dieser Frage so pikiert, als habe ich ihr ein Reiskorn in den Ausschnitt ihres Abendkleides gespuckt.

Nein, diese Art von Konversation wird auf dem abendlichen Empfang der Deutschen Botschaft aus Anlass des Tages der Deutschen Einheit nicht sehr geschätzt. Da erzählt man sich von luxuriösen Europareisen und plaudert über die neuesten Geschäftsergebnisse. Die Großgrundbesitzerin, die mich einlud, mit ihrem Privatflugzeug auf ihre Besitzungen zu kommen, will gerade ihr Töchterchen auf die Wirtschaftshochschule St. Gallen exportieren, damit sie das Geld verwalten lernt, das andere im Dienste der Familie erarbeiten müssen.

Sie wissen tatsächlich nichts von dem, wovon ich rede. Sie kennen die Stadt nicht, in der sie leben. Ihre Stadtwohnungen gleichen Festungen, umgeben von hohen Mauern, Stacheldraht, scharfen Hunden, perfekter Bewachung und Bewaffnung.

Sie wollen auch gar nicht erst sehen, wie es in der Welt da draußen zugeht. Sie haben sich in ihrer eigenen häuslich eingerichtet und bemerken nicht, dass ihre Luxusetablissements Gefängnisanstalten gleichen. Gefängnismauern schützen normalerweise vor dem *Ausbruch* nach draußen; die Schutzmauern um die Villen schützen vor dem *Einbruch* von draußen. Die Bedrohungen unterscheiden sich lediglich durch die Richtung, aus der sie kommen. In beiden Fällen allerdings sind die Insassen die Gefangenen. Die einen leiden darunter und die anderen lachen darüber.

3. Die Schmiere-Steher

Die Internationale Arbeitsorganisation (International Labour Organization = ILO) ist auch vor Ort. 20 Kinder hat die ILO mit ihrem Hilfsprojekt den Greifarmen der Prostitution entrissen. Für jedes dieser 20 Kinder ist das eine Rettung aus der Hölle in den Himmel. 20 Gerettete. Aber 40 wachsen in der Hölle nach. Frischfleisch ist gefragt. Das Rotationssystem sorgt für den Nachschub.

Die Internationale Arbeitsorganisation muss radikaler werden, wenn sie ihre eigene Konvention gegen die schlimmsten Formen der Kinderarbeit, wozu Prostitution zählt, ernst nimmt. Die ILO ist eine Institution der UN, die dreigliedrig aufgebaut ist: Staaten, Gewerkschaften und Arbeitgeber sind in ihr vereint. Damit reicht die ILO über die Staaten hinaus in den gesellschaftlichen Bereich.

Die ILO ist in der UN-Gemeinschaft der Brückenkopf zur Zivilgesellschaft. Was macht sie daraus? Globales Palaver.

Wo bleiben kraftvolle Aktionen gegen Kinderprostitution und Kindersoldaten? Es wäre doch schon viel gewonnen, wenn die Staaten beim Wort genommen würden, welche die Konvention gegen Kinderprostitution und Kindersoldaten unterschrieben haben. Es wäre schon viel gewonnen, wenn jene Regierungen weltweit an den Pranger gestellt würden, die zwar die Konvention gegen Kinderarbeit unterschrieben haben, aber nichts, aber auch gar nichts tun, um sie zu beenden. Globales Bloßstellen von Regierungen, Ausschluss von Staaten aus internationalen Organisationen wären ein erster Schritt im Kampf gegen Ausbeutung.

Wann wird Moral eine Macht? Die Internationale Arbeitsorganisation hat ein ausdrückliches Mandat für eine anklagende Berichterstattung in einem ausführlich geregelten Verfahren. Aber sie konzentriert sich vornehmlich aufs Konferenzpalaver, erstellt Hunderte von Armuts-, Arbeits- und Konfliktanalysen. Freilich, es werden Arbeitsnormen durch Konventionen vereinbart, doch sobald diese dann unterschrieben und ratifiziert sind, scheint die Kraft der ILO erschöpft. Der Durchsetzungswille ist erlahmt. Zwar sitzen überall und in allen Winkeln der Erde gut bezahlte ILO-Repräsentanten, von denen manche Hilfsprogramme organisieren oder überwachen. Der in Sankt Petersburg residierende ILO-Vertreter kannte zwar die Adresse des Projektes, für das er zuständig war, konnte allerdings den Weg dorthin nicht finden. Allzu oft ist er offenbar dort nicht gewesen. Wahrscheinlich war er mit dem „Papierkram" so beschäftigt, dass er für Praxiskontakt keine Zeit hatte.

Wer bedrängt eigentlich Regierungen, die ihre selbst eingegangenen ILO-Verpflichtungen nicht einhalten?

Der von der ILO für Paraguay vorgesehene Beauftragte für Parlamentsarbeit hat während seiner Amtszeit zum Beispiel noch nie mit einem Abgeordneten gesprochen. Wie soll das Parlament an seine Pflichten erinnert werden, wenn die ILO Abgeordnete noch nicht einmal kontaktiert? Wahrscheinlich sitzt der ILO-Vertreter hinter seinem Schreibtisch und studiert Berichte oder schreibt selbst zur Abwechslung zwischendurch eben solche.

Papier ist geduldig, die Gerechtigkeit nicht. Die Konventionen, die ratifiziert sind, müssen auch durchgesetzt werden.

Der entfernt residierende Regionaldirektor für Südamerika kommt regelmäßig angeflogen, um die Regierung in Asunción zu besuchen. Seinen örtlichen Vertreter hat er bei diesen Besuchen noch nie gesehen. Warum auch? Um Höflichkeiten – wahrscheinlich bei einem festlichen Abendessen – auszutauschen, bedarf es keiner Informationen aus erster Hand über die tatsächlichen Verhältnisse. Sachkenntnis stört offenbar die konventionelle Konversation. Überall treffe ich wortreiche, hochbezahlte ILO-Repräsentanten in der Welt als Beobachter, Gutachter etc. Wann sehe ich endlich Akteure der Attacke?

In der arabischen Welt blüht inzwischen ein gut organisierter Handel mit jungen Sexsklaven, die gruppenweise auf Rundreise gehen, um die reichen Freier mit immer neuem Angebot zu versorgen. In Sankt Petersburg fallen am Wochenende die Touristen aus Finnland und Deutschland ein und versorgen sich mit Wodka und Kindern. Ist das die neue Globalisierung? Wer nennt in den Herkunftsländern dieser Ausbeuter die Namen derjenigen, die sich an Wodka und Kindern berauschen?

Kinderarbeit ist in Marokko verboten. Die ILO-Konvention gegen Kinderarbeit ist ratifiziert. Das war's. Kein Hahn kräht danach, was unterschrieben ist. Wo bleibt die Überwachung des Verbotes mit einer Anzahl von Kontrolleuren, die Betriebsinspektionen – jedenfalls statistisch – nicht erst alle 300 Jahre möglich macht? Statt sich um die Durchsetzung ihrer Normen zu kümmern und die Regierung unter Druck zu setzen, verteilt die ILO Schutzhandschuhe an Kinderarbeiter in Schmiedewerkstätten. Das nenne ich die Humanisierung von Ausbeutung oder „gute Miene zum bösen Spiel machen".

In Kolumbien konnte mir die ILO-Vertreterin bis auf die Stelle hinter dem Komma genau angeben, wie die Kinderarbeit zurückgegangen sei, nämlich im ganzen Land von 32,2 auf 29,7 Prozent. Aber es weiß kein Mensch, wie viele Kinder nachts um 3.00 Uhr auf dem Großmarkt von Bogotà arbeiten. Man sieht sie nur. Die potemkinschen Dörfer hatten mehr Realitätsgehalt als die ILO-Statistiken.

Internationale Organisationen müssen als Ordnung stiftende Institutionen Funktionen übernehmen, welche der alte Nationalstaat nicht mehr erfüllen kann, weil die Reichweite seiner Kompetenzen nicht mehr der weltumspannenden Dimension der Globalisierung in allen Belangen gewachsen ist.

Die Internationale Arbeitsorganisation könnte auf dem Feld der sozialen Mindestnormen eine Recht schaffende globale Institution sein, wenn sie wollte, was sie sollte. Stattdessen tanzt sie auf tausenden von UN-Hochzeiten, kümmert sich um Konfliktberatung, Katastrophenschutz, Entwicklungshilfe. Alles verdienstvolle Aufgaben, wofür allerdings die UN andere Organisationen schon installiert hat.

Die Figur der Gerechtigkeit trägt in der einen Hand die Waage, in der anderen das Schwert. Die ILO hält mit beiden Händen die Waage und wiegt und wägt ... und wägt ab. Wann macht sie eine Hand frei und schlägt mit dem Schwert dazwischen? Wann?

4. Nackte Tatsachen

Zahlen erklären nicht die Welt, aber sie sparen viele Worte. Die Hitliste der Milliardäre, die das amerikanische Wirtschaftsmagazin „Forbes" jedes Jahr erstellt, hat auch 2006 einen kräftigen Zuwanderungsschub erhalten. 102 Namen sind im Club der Milliardäre hinzugekommen. 793 Milliardäre auf der Welt stehen 3 Milliarden Menschen gegenüber, die mit weniger als 2 Dollar am Tag auskommen müssen, davon 1,3 Milliarden mit weniger als 1 Dollar pro Tag.

Ja, Milliarden als Besitz ist etwas anderes als Milliarden, die hungern. Milliarde ist nicht gleich Milliarde.

„Die 38 reichsten Länder der Welt mit 1,2 Milliarden Einwohnern haben zusammengezählt ein Bruttoinlandsprodukt von 26,7 Billionen Dollar. Die ärmeren Länder kommen mit 4,8 Billionen Dollar Bruttoinlandsprodukt aus, das sich 5,476 Millionen Menschen teilen.

Pro Tag ergibt das für die einen ein Durchschnittseinkommen von 60,96 Dollar und für die anderen von 2,40 Dollar. Auch hierzulande klafft ein Abstand zwischen Reich und Arm. Die Zahl der Millionäre hat noch nie so schnell zugenommen wie in den letzten Jahren. 1970 gab es 217.000 Einkommensmillionäre, heute gibt es über 1,5 Millionen.

Die 358 reichsten Familien besitzen die Hälfte des Weltvermögens. Die 500 größten Privatgesellschaften der Welt kontrollieren 52 Prozent des Weltsozialproduktes. Diese 500 Konzerne sind reicher als die 133 ärmsten Länder der Erde. Zwischen 1980 und 1995 erhöhte sich das Gesamtvermögen der 100 größten transnationalen Konzerne um 700 Prozent.

Die Zahlen sind zu Gunsten der Reichen und zum Nachteil der Armen eher geschönt. In die Durchschnittseinkommen der armen Länder gehen die Einkommen der dort lebenden Superreichen ein und erhöhen die Durchschnittssumme. Durchschnittsangaben sagen nichts über die Bandbreite der Angaben, deren arithmetischer Mittelwert sie sind. Wenn Armut und Reichtum gleichmäßig steigen, bleibt der Durchschnitt unverändert. Durchschnittssummen sagen also noch nichts über das Ausmaß des Unterschiedes zwischen Reich und Arm aus. Wenn einer zwei Bratwürste isst, der andere aber keine, haben beide durchschnittlich eine Bratwurst gegessen. Nur mit dem Unterschied, dass der eine satt und der andere hungrig ist.

Der Abstand zwischen Reich und Arm wächst. Die Reichen werden reicher und die Armen ärmer. Das Vermögen der Dollarmilliardäre ist von 2003 bis 2005 um 57 Prozent gestiegen. Die Differenz der Einkommen zwischen den reichsten und ärmsten Ländern wird immer größer. 1820 verhielt sich der Abstand wie 3:1, 1950 wie 35:1, 1992 wie 72:1. In 98 Ländern sind die Einkommen niedriger als vor 10 Jahren. In Afrika liegen sie 20 Prozent unter dem Niveau vor 25 Jahren.

1 Milliarde Menschen hat keinen Zugang zu sauberem Wasser. 600 Millionen sind nicht dort, wo sie leben wollen, sondern vertrieben oder geflüchtet.

30.000 Menschen sterben täglich, weil sie nichts zu essen oder nichts zu trinken haben. Kinder verrecken. 8000 Kinder sterben Tag für Tag an Krankheiten, vor denen Impfungen sie geschützt hätten.

Für viele gibt es keinen Arzt, keine Schule, für ihre Eltern keine Arbeit. Es fehlt alles, was lebensnotwendig ist.

250 Millionen Kinder sind zur Arbeit gezwungen. In den gleichen Regionen sind 900 Millionen Erwachsene arbeitslos. Die Kinder schuften, die Eltern lungern arbeitslos zu Hause herum.

Die einen verhungern, die anderen verfetten. Globale Schizophrenie?

Die Welt ist verrückt geworden. Allein die Mittel, welche in Amerika (8 Milliarden Dollar) und in Europa für Eiscreme und Kosmetik (11 Milliarden Euro) ausgegeben werden, würden die Kosten abdecken, um 2 Milliarden Menschen eine Grundschulausbildung und sauberes Wasser zu beschaffen.

Ein Quäntchen mehr Gerechtigkeit – mehr nicht – und das Elend verschwände aus der Welt.

Der Mensch: „Krone der Schöpfung", „Gotteskind" – *homo sapiens – animal rationale*. Wie schön sind die Worte, mit denen wir den Menschen schmücken, und wie schmutzig das Elend, in dem der größere Teil der Menschheit watet.

Wir sind fähig, Menschen zum Mond zu transportieren und gleichzeitig unfähig, Gerechtigkeit auf der Erde landen zu lassen. Was nutzt die Sonde auf dem Mars, wenn die Brunnen in der Sahara austrocknen?

Der Mensch, das vernunftbegabte Wesen, vergeudet seine Intelligenz an Nebensächlichkeiten.

Am Streit über die Genauigkeit der Armutszahlen beteilige ich mich nicht. Denn selbst wenn die Zahl der Armen übertrieben wäre, was unwahrscheinlich ist, schreit das Elend zum Himmel.

Beginnt der Skandal, wenn ein Kind verhungert ist oder erst, wenn eine Million Kinder verhungert sind?

Zahlen, Statistiken, Diagramme sind totes Material. Das Verlangen nach Gerechtigkeit kann dadurch argumentativ gestützt werden, aber entzündet wird es dadurch nicht.

Entflammt wird der Aufstand gegen Ungerechtigkeit durch das angeborene Bewusstsein der Menschen, dass sie Anspruch darauf haben, als Menschen anerkannt zu werden. Das ist ein Recht und kein Almosen.

I. Was bewegt die Welt?

1. Die Sehnsucht nach Glück

Die Menschen geben sich nicht mit der Welt zufrieden, in der sie leben. Das unterscheidet sie von den Tieren. Die Welt der Menschen ist nie fertig.

Als Naturwesen zu schwach, um sich auf die Natur zu verlassen, muss der Mensch sich um seines Überlebens willen eine „zweite Natur", eine künstliche, erschaffen, die wir Kultur nennen. Der Mensch ist ein „Mängelwesen". Der Mangel treibt ihn über seine erste, die tierische Natur hinaus. Kein Instinkt steuert unser Verhalten. Vernunft ist göttliche Ersatzkraft. Mit ihrer Hilfe konstruieren wir die Kompensation unserer natürlichen Mängel. Aber das, was der Mensch mit Hilfe seiner Vernunft schaffen kann, sind keine Zufallsprodukte, sondern durch Sinn verknüpftes Handeln. Wäre die menschliche Evolution ein Zufallsspiel, woher sollte dann ein Ziel unserer Handlungen stammen und der Sinn unseres Lebens?

Was ist das Menschengemäße? Was macht den Menschen zum Menschen?

Was ist unsere zweite Natur, die unsere erste übertrifft? Sie zeichnet sich durch Sinnhaftigkeit aus. Mit ihr, der zweiten Natur, verbinden sich unsere Vorstellungen von einem gelungenen Leben mit denen von einer guten Gesellschaft. Die Menschen streben nach Glück. *Eudaimonia* nannte das Aristoteles. Die Glückseligkeit, die er meinte, ist mehr als Lust. „Denn sonst wäre der Ochs, der Trauben frisst, glücklich", zitiert Aristoteles Heraklit.

Glück ist nicht schon der Zustand einer guten Laune oder

ein Zufallsgewinn wie im Lotto. Glück kann auch nicht einfach mit Erfolg gleichgesetzt werden. Der Olympiasieger, der außerdem mit dem Nobelpreis ausgezeichnet wurde und anschließend auf dem Mars am Ziel seiner Weltraumwünsche landete; der Mensch mit der Intelligenz von Einstein, dem Vermögen von Bill Gates, der musischen Begabung des Wunderkindes Wolfgang Amadeus Mozart: wäre er der Prototyp des glücklichen Menschen?

Alle Erfolgsmöglichkeiten zu ergreifen, dazu reicht die Lebensspanne nicht, denn kurz ist das Leben – *vita brevis*.

Der Olympiasieg reicht auch schon deshalb nicht zum allgemeinen Glücksmodell, weil der Sieg ein exklusiveres Ereignis ist. Er steht bekanntlich – mit Ausnahme des „toten Rennens" – nur einem Einzigen zu.

Siegmund Freud meinte resignierend, dass „im Bauplan der Natur nicht vorgesehen ist, dass der Mensch glücklich" sei. Sören Kierkegaard gestand dem Glück immerhin zu, ein „episodisches Vergnügen" zu sein.

Was also ist das Glück?

Glück im höchsten, humanen Sinn ist eine Form der Vollendung.

Viele Sprachen unterscheiden zwischen unterschiedlichen Formen des Glücks, wobei die eine die andere nicht nur übertrifft, sondern anderer Art ist. *Tyche* und *eudaimonia*, *fortuna* und *felicitas*, *luck* and *happiness*, gehören jeweils verschiedenen Welten an. Das eine Glück ist vorübergehend, launisch, schicksalhaft. Das andere aber ist ein Lebensziel.

Glück im zweiten vollendeten Sinn ist „Wesenserfüllung". „Mensch, werde wesentlich", ruft mitten im vom 30 –jährigen Krieg verwüsteten Deutschland Angelus Silesius seinen Leidensgenossen zu. Das war als Aufruf zu einem Glück gemeint, das den Menschen nicht „zufällig" erreicht, sondern erstrebenswert ist. „Glückseligkeit stellt sich dar als ein Vollendetes und sich selbst Genügendes, das Endziel allen Handels ist" (Aristoteles). Zwischen dem Glücksstreben, das nach Erfüllung einer objektiven Wesensbestimmung sucht, und dem Verlangen nach Glück, das lediglich subjektiv Vor- und Nachteile unserer Handlungen abwägt, besteht die gleiche Differenz wie zwischen Sein und Schein.

Was dem Menschen wesensgemäß ist, darüber geben unterschiedliche Kulturen in unterschiedlichen Zeiten unterschiedliche Antworten, und doch gibt es Grunderfahrungen, die wir für zeitlos gut halten. Niemand darf jemanden verletzen. Die Wahrheit hat Vorzug vor der Lüge. Die Konkretisierung dieser Grundlagen geschieht im nie endenden Gespräch der Menschen. Deshalb kommt die Philosophie nie ans Ende, sondern bleibt immer unterwegs.

Ein Baum kann ein Baum werden oder verkrüppeln. Ein Mensch kann Mensch sein oder sein Ziel verfehlen. Der Mensch lebt in der einzigartigen Spannung, vom ersten Augenblick seiner Existenz *schon* Mensch und bis zum letzten Augenblick seines Lebens *noch nicht* fertig zu sein. In diesem Zwiespalt zwischen Sein und Werden steht fünf Jahrhunderte vor Christus die Aufforderung des griechischen Dichters Pindar: „Werde, der du bist." Ob der Mensch sein Ziel erstrebt, wie nahe er der Vollendung kommt, entscheidet ein Zweifaches: Der Mensch und die Umstände, unter denen er lebt, also die Gesellschaft. Deshalb geht es beim Glück um ein Zweifaches: um den Einzelnen und die Gemeinschaft.

Ein gelungenes, gerechtes Leben in einer gerechten, guten Gesellschaft ist das Glück, nach dem wir streben.

2. Das Streben nach Gerechtigkeit

Wie wollen wir zusammenleben?

Das ist die Grundfrage, auf die die Gerechtigkeit antwortet.

So viel jedenfalls ist sicher: Der Ruf nach Gerechtigkeit durchzieht die Geschichte der Menschheit, solange es sie gibt, auch wenn die Vorstellungen über Gerechtigkeit diffus und die Namen, die dafür gefunden werden, unterschiedlich sind.

Gerechtigkeit ist das Signum der Humanität.

Gerechtigkeit lässt sich nicht zum Schweigen bringen und auch nicht durch Mildherzigkeit ablenken.

Barmherzigkeit ist kein Ersatz für Gerechtigkeit. Sie ist lebenswichtig, denn die vollkommene Gerechtigkeit gibt es auf Erden so wenig wie den fehlerlosen Menschen. Immer bleibt Barmherzigkeit der liebenswerte Lückenbüßer der irdischen Gerechtigkeit und die Einsatzreserve, die unsere Unvollkommenheit kompensiert. Mitgefühl ist die Quelle der Solidarität: Ohne Gefühle wird es kalt. Aber ohne Gerechtigkeit geht der Mensch zu Grunde.

David Hume und Adam Smith empfahlen den Menschen, sich auf ihre Gefühle zu verlassen. Die Fähigkeit, sich in den anderen hineinzuversetzen, sei der Schutz, der uns vor der Einseitigkeit des Eigennutzes bewahren könnte, glaubte Adam Smith. Anders als seine kapitalistischen Nachfahren gab er also dem Eigennutz nicht das Alleinbestimmungsrecht in der Organisation des menschlichen Zusammenlebens.

Doch so beherzigenswert die Empfehlung zum Mitleid ist, auf das Mitleid allein sollte man sich nicht verlassen. Gefühle sowie der Verstand sind zu vielem fähig und kein Gefühl hat die Menschen daran gehindert, die schrecklichsten Folterungen auf öffentlichen Plätzen zu zelebrieren, bestialische Autodafees als religiöses Fest unter den Augen einer schaulustigen Masse zu veranstalten und Millionen von Juden zu vergasen. Kein Gefühl des Mitleids erhob Einspruch. Im Gegenteil: Emotionen beflügelten mancherorts und manchmal sogar die Brutalität der Brutalen.

Freigiebigkeit, Mildtätigkeit ziert den Menschen. Doch Gefühle ohne Bezug zur Gerechtigkeit können ein Vehikel der Unterwerfung sein: *Panem et circensenses*. Mit „Brot und Spielen" hielten römische Imperatoren das Volk gefügig. Der verrückte, grausame Kaiser Nero ließ an Tagen seiner Großzügigkeit Vögel aller Art, Lebensmittel, Gold, Silber, Perlen und gezähmte Tiere ans Volk verteilen. Am anderen Tag ergötzte er sich an den Flammen Roms, die er entzünden ließ. Der Duft von brennendem Menschenfleisch gehörte zu den Genüssen des freigiebigen Nero.

Das Mitleid ist kein Ruhekissen, auf dem die Gerechtigkeit einschlafen darf. Mitleid ist als Fluchthilfe für Gerechtigkeit eine Form der Feigheit. Die Medici, Fugger, Welser haben ihr schlechtes Gewissen mit eindrucksvollen Stiftungen und großen karitativen Einrichtungen beruhigt. „Herr, habe Geduld mit mir. Ich werde dir alles zurückgeben", soll der große Cosimo Medici gebetet haben. Die Reichen von gestern hatten ihr *conto per dio*. Die Neureichen von heute ihren Charity-Event. Zu Ehren des aus den Fluten des Hurrikans Katrina geretteten Hundes, den sie sentimentalerweise auch Katrina genannt hatten, veranstalteten sie Mitte August 2006 die „Hampton Chow Chow Bow Wow-Party" auf dem Anwesen des TV-Stars Chuck Scarborough. Tickets sollen bis zu 10.000 Dollar gekostet haben. Welch ein schönes Fest der Mildtätigkeit! Eine Handvoll Gerechtigkeit zum Schutz der Armen hätte allerdings den 1800 Menschen, die im Hurrikan umgekommen sind, wahrscheinlich das Leben gerettet. Mitleid anstelle von Gerechtigkeit im Angesicht des Elends in der Welt gleicht dem Versuch, den Großbrand mit der Gießkanne zu löschen. Andererseits bewahrt das Mitgefühl die Gerechtigkeit vor einer Abstraktion, die über Leichen geht. *Fiat iustitia, pereat mundus* – „Es soll Gerechtigkeit geschehen, und gehe die Welt darüber zugrunde".

„Gerechtigkeit ohne Barmherzigkeit ist Grausamkeit. Barmherzigkeit ohne Gerechtigkeit ist die Mutter der Auflösung" (Thomas von Aquin).

Die Emotionen sind das Pferd, die Vernunft der Reiter.

Gerechtigkeit, von der Vernunft geleitet, ist zum Unterschied von unseren Gefühlen rechenschaftsfähig. Ihre Gewichte sind Argumente und nicht Leidenschaften. „Fragen der Gerechtigkeit können nur im Schweigen der Leidenschaften entschieden werden" (Denis Diderot). Die Vernunft zwingt zur Objektivität. Deshalb ist sie zur Ordnung der menschlichen Angelegenheiten geeigneter als die Leidenschaften. Gerechtigkeit ist begründbar, wenn sie verbindlich sein soll.

Vernunft ist in ihrer höchsten Steigerung eine Teilhabe an der Weisheit Gottes. Intelligenz besitzen ansatzweise auch höher entwickelte Tiere, nicht aber Vernunft.

Sowohl für die höchsten Erhebungen als auch für die tiefsten Erniedrigung des Menschen ist das große Wort „Gerechtigkeit" in Anspruch genommen und missbraucht worden. Hitler, Stalin, Pol Pot haben ihre Verbrechen mit „Gerechtigkeit" getarnt. Die Ungerechtigkeit wie die Lüge kommen nicht mit offenem Visier daher. Die Lüge tarnt sich allzu oft als Wahrheit und die Unterdrückung mitunter als Gerechtigkeit.

Es ist also nicht alles gerecht, was so genannt wird, und nicht jeder Schein entspricht dem Sein. Gerechtigkeit kann missverstanden und missbraucht werden. Es begann schon mit Kains verletzten Gerechtigkeitsgefühlen, was bekanntlich Abel, dem Bruder, das Leben kostete.

Der Missbrauch oder das Missverständnis der Gerechtigkeit setzt das Verlangen nach Gerechtigkeit nicht außer Kraft.

Was gerecht oder ungerecht ist, darüber haben die Menschen immer gegrübelt. Darüber haben sie gestritten, dafür sind sie in den Krieg gezogen. Für Gerechtigkeit haben die Menschen ihr Leben geopfert. Ob zwei mal zwei vier oder fünf ist, dafür ist noch niemand gestorben. Gerechtigkeit jedoch gehört zu den Wahrheiten, für welche Menschen ihre Existenz einsetzen. Der Streit um Gerechtigkeit hält an. In seiner zivilisierten Form, nämlich als Diskussion, ist er eine Gelegenheit, Ungerechtigkeit gewaltlos zu entwaffnen, und eine Möglichkeit, Gerechtigkeit besser zu verstehen und ihr so näher zu kommen.

Der Ruf nach Gerechtigkeit wird umso lauter, je dunkler die Welt erscheint. Der Leuchtturm wird bei Nacht und Sturm gesucht, nicht bei klarer Sicht und ruhiger See.

Die klassische griechische Gerechtigkeitsdiskussion hat ihren Höhepunkt im Niedergang Athens. Die Philosophie des Thomas von Aquin ist der große Versuch, Theologie und Philosophie in einer Symbiose zu vereinen, just zu der Zeit, als die mittelalterliche, Gott und Welt umfassende Ordo auseinander zu brechen begann. Thomas Hobbes versuchte mit seiner zynischen Philosophie das von Bürgerkriegen gebeutelte britische Königreich zu retten. Die zerstörerische Wolfsnatur des Menschen sollte durch einen souveränen Staat domestiziert werden, der den Krieg aller gegen alle (*bellum omnium contra omnes*) verhindert. Nichts anderes als der Überlebenswille der Individuen setzt den Vertrag in Kraft, welcher den Staat hervorbringt. Gerechtigkeit ist ein Friedensvertrag zwischen den Menschen, die sich untereinander wie Wölfe verhielten (*homo homini lupus*), durchgesetzt und bewacht vom Staat.

Kants gewaltiges Werk inthronisierte mitten in einer Zeit, die durch die Französische Revolution und Völkerkriege gekennzeichnet war, die Vernunft als ein von allen Interessen freies Regelwerk der Moral.

Immer sind Zeiten großer Veränderungen auch Zeiten, in denen der Ruf nach Gerechtigkeit laut wird.

Es lebt sich eben nicht gut in finsteren Zeiten.

„Was sind also Königreiche, wenn ihnen die Gerechtigkeit fehlt, anderes als große Räuberbanden?", fragte Augustinus inmitten der Trümmer des *Imperium Romanum*. In der augustinischen Idee ist bereits ein antiautoritäres Moment versteckt, das freilich erst die Neuzeit voll entfaltet: Die Herrschenden müssen sich am Maßstab der Gerechtigkeit messen lassen. Keine Herrschaft befindet sich außerhalb der Reichweite der kritischen Gerechtigkeit.

Geradezu keck, nämlich „mit freimütigem Trotz", ließ Augustinus in seinem Werk vom Gottesstaat *(De civitate Dei)* einen gefangenen Seeräuber dem großen Alexander antworten, als dieser ihn gefragt hatte, was ihm einfalle, dass er das Meer unsicher mache: „Und was fällt dir ein, dass du das Erdreich unsicher machst? Freilich, weil ich es mit einem kleinen Fahrzeug tue, heiße ich Räuber. Du tust es mit einer großen Flotte und heißt Imperator."

Nicht das Recht des Stärkeren ist die Gerechtigkeit, wie es der Sophist Thrasymachos gegenüber Sokrates behauptet hatte (Plato, Der Staat) und wie es noch bis in unsere Zeit behauptet wird. Niccolò Machiavelli verkündete Machteroberung und -erhaltung als Staatsraison. Hitler, Stalin, Pol Pot und andere Menschenverächter praktizierten dieses Recht. Gerechtigkeit aber ist die Waffe der Schwachen. Die Starken bedürfen ihrer nicht. Zusammenleben in Frieden können die Starken und die Schwachen nur unter dem Dach der Gerechtigkeit.

Die Gerechtigkeit in ihrer vollen Geltung ist universell und gilt für alle. Für Starke und Schwache, für Reiche und Arme, für Hohe und Niedrige, für Mächtige und Machtlose. „Gerechtigkeit für alle". Mit diesem Imperativ hat das Christentum die antike Welt „umgekehrt".

Der des Lesens und Schreibens unkundige mittelalterliche Bauer wird es als tröstende Wiedergutmachung empfunden haben, wenn er in den Kirchengemälden seine mächtigen Lehensherren, Könige und Kaiser, vor Gottes Gerichtsstuhl gebeugt sah. Und für den geplagten Michelangelo war es eine Genugtuung, dass er große Kirchenfürsten und den Papst selbst in seiner Darstellung des Jüngsten Gerichts an der Stirnseite der Sixtinischen Kapelle unter die Verdammten platzierte. Gerechtigkeit ist antiautoritär.

Was bewegt die Menschen?

Über die sokratische Frage, wer eigentlich der Mensch sei und welche Lebensführung zu einem guten Leben passe, sind wir eigentlich bis heute nicht hinausgekommen. Dass wir beim Essen das Messer mit der rechten Hand und die Gabel mit der linken Hand führen, ist eine Konvention, und die Welt würde nicht zusammenstürzen, wenn wir es umgekehrt vereinbaren würden. Dass wir aber niemanden belügen und bestehlen sollen, ist keine Abmachung, sondern gehört als Achtung des Anderen zu einem gelungenen Leben in einer guten Gesellschaft.

Eine Politik, die sich nur auf Verfahrensregeln beschränkt, genügt uns so wenig wie eine Gerechtigkeitstheorie, die sich lediglich als Prozessregel versteht. Ein Regelwerk, das lediglich dafür sorgen soll, dass die Menschen aneinander vorbeikommen, ohne anzustoßen oder sich zu beschädigen, ist zu wenig. Es ist eine Resignation vor dem Pluralismus und eine Ermüdung angesichts der unterschiedlichen Antworten auf die Frage, was Gerechtigkeit sei. Moral als reine Regelordnung lässt die Suche nach dem erschlaffen, was gut ist, weil es gerecht ist. Es begnügt sich mit der Beobachtung des groben Rasters der Regel und ist taub für die feinen Nuancen des guten Lebens.

Es führt kein Weg an einer Theorie des Guten vorbei. Selbst der Philosoph John Rawls bedarf für seine Prozesstheorie der Gerechtigkeit einer schmalen Basis von unbestrittenen Grundgütern, die dem Vorteilsvergleich entzogen sind.

Ohne eine Vorstellung von dem, was gut ist, kommt der Mensch nicht aus. Es geht um die Rekonstruktion unserer tiefsten Überzeugungen, und zu denen gehört Gerechtigkeit. Der Kampf um Gerechtigkeit bewegt die Menschen, solange es Menschen gibt.

II. Gerechtigkeit

1. Die zweifache Gerechtigkeit

Gerechtigkeit ist ein Zweifaches: Tugend und soziales Prinzip. Deshalb geht es der Gerechtigkeit um ein Doppeltes: Ein gelungenes Leben und eine gute Gesellschaft. Ohne Tugend bleibt Gerechtigkeit leer und ohne gerechte Institutionen verbleibt die Gerechtigkeit gestaltlos. Gerechtigkeit formt subjektives Verhalten und ordnet objektive Verhältnisse. Gerechtigkeit erfüllt sich im Handeln.

In der Gerechtigkeit sind alle Tugenden zusammengefasst. Sie weist Tugenden und Prinzipien ihren Platz zu. Für Aristoteles ist die Gerechtigkeit deshalb „kein bloßer Teil der Tugend, sondern die ganze Tugend". Die Tugend der Gerechtigkeit ist der beständige und feste Wille, das Eigene des Anderen anzuerkennen. Die Einstellung ist nicht selbstverständlich. Wie jede Tugend muss sie geübt werden, damit sie zu einer Verhaltensdisposition wird, die nicht ständig neu eingestellt werden muss. Institutionen sind ein Gefüge sozialer Normen, an denen sich unsere Handlungen orientieren können. Wir können nicht ständig neu entscheiden. Tugend wie Institutionen entlasten unsere Entscheidungskapazität. „Immer alles selbst entscheiden zu wollen, ist typisch für Neurotiker" (Arnold Gehlen). Es ist mit Tugend und Institutionen ähnlich wie mit den Hosenträgern. Sie entlasten unsere Hände für wichtigeres, als Hosen zu halten. Auch unser sittliches Urteilsvermögen bedarf solcher Abwehr von Überlastung, sonst sieht es vor lauter Bäumen den Wald nicht mehr.

Ein richtiges Leben in einer falschen Gesellschaft ist

schwer zu haben, und eine gute Gesellschaft mit schlechten Menschen ist nicht zu machen.

Richtig leben heißt gerecht leben, und das bedeutet, das Wesen des Menschen zu erfüllen. Das Wesen des Menschen ergibt sich nicht aus der Beschreibung seiner physisch-psychischen Existenz. Die Frage nach dem Wesen des Menschen sucht die Antwort auf die Bestimmung des Menschen. Diese ist nicht durch die Summe seiner wechselnden Wünsche und Interessen festzulegen. Alles hat sein Ziel. Um dies plausibel zu machen, zählte Sokrates einfache Bestimmungen auf, die zu jedem Ding gehören: zum Auge das Sehen, zum Ohr das Hören, zur Rebschere das Abschneiden des Rebenschösslings. „Also gut, sage ich, du bist doch auch der Meinung, dass jedes Ding, dem eine Aufgabe gestellt ist, auch eine entsprechende Tüchtigkeit besitzt", erklärte Sokrates dem Thrasymachos. „Die Tüchtigkeit der Seele ist die Gerechtigkeit". Es geht also darum, dass jede Sache ihre Funktion hat. Die Aufgabe des Menschen ist Gerechtigkeit, die als Anleitung zum guten Leben fungiert. Das „gute Leben" ist Leben mit anderen. Deshalb führt die Tugend der Gerechtigkeit über die einzelne Person hinaus und wird zum sozialen Ordnungsprinzip. „Wer aber nicht in Gemeinschaft leben kann oder ihrer, weil er sich selbst genug ist, gar nicht bedarf, ist kein Glied des Staates und demnach entweder ein Tier oder ein Gott" (Aristoteles).

Die Elementenkunde der Gerechtigkeit beginnt mit der Einsicht, dass die eigenen Wünsche und Interessen nicht der hinreichende Rechtfertigungsgrund für Handeln ist, wenn von diesem Handeln andere betroffen sind.

Die Vertreter einer Philosophie der Nützlichkeit werden nie die Mauer der Eigeninteressen überspringen. Das utilitaristische Ziel: „Das größtmögliche Glück der größtmöglichen Zahl" (Jeremy Bentham) bietet keinen verlässlichen Schutz der Würde jedes Einzelnen. Die benthamsche Formel würde sogar die Versklavung weniger rechtfertigen, wenn dadurch der Wohlstand vieler gesteigert würde. Mit einem reinen Kosten-Nutzen-Kalkül könnte die Behandlung eines Krebskranken vernachlässigt werden zugunsten der Heilung von tausenden Grippekranken.

Die große Gerechtigkeitsphilosophie von Aristoteles bis Kant lässt sich auf eine solche Verrechnung der Moral nicht ein. Jeder Mensch ist Zweck und kein Mittel. Wer die Gerechtigkeit mit der Nützlichkeit gleichsetzt, könnte auf den Gedanken kommen, das US-Gefangenenlager Guantanamo sei eine Institution der Gerechtigkeit, denn das Lager diene dem „nützlichen" Kampf gegen Terrorismus. Nach christlichem Verständnis kann jedoch Gerechtigkeit nie die Verletzung von Menschenrechten gutheißen.

Die Disziplin der Gerechtigkeit beginnt mit der Anerkennung des Anderen. Wegen der Gefahr, die eigenen Interessen für wichtiger zu halten als die des Anderen, gehört zu Gerechtigkeit die Bereitschaft, sich Regeln oder einer konfliktlösenden Instanz zu unterwerfen. Davor allerdings müssen Interessen und Wünsche objektiviert werden, damit sie vergleichbar werden.

Erst indem „wir unsere Interessen und Wünsche objektivieren, und das heißt allgemeinen Maßstäben unterstellen, werden sie überhaupt vergleichbar" (Robert Spaemann). Ohne Maßstab kein Vergleich. Vergleichen zu können ist die Voraussetzung von Verständigung, ohne die ein friedliches Zusammenleben unmöglich ist.

Gerechtigkeit bildet die objektivierten Regeln des Miteinanders ab, nach denen jedem das Seine gegeben wird.

Als symbolische Gestalt wird Gerechtigkeit mit verbundenen Augen dargestellt. Ihr Ideal ist die Unparteilichkeit. Sie urteilt ohne Ansehen der Person. Das Urteil der Gerechtigkeit ist keine „Ansichtssache". Gerechtigkeit wird nicht durch subjektive Beziehungen zum Sachverhalt bestimmt. Sie ist an das objektiv Gültige gebunden. Gerechtigkeit verleiht dem Recht seinen Geltungsanspruch. Das schafft eine Differenz zwischen Gerechtigkeit und Gesetz und hat zur Folge, dass das geltende

Recht immer unter der Kritik der Gerechtigkeit steht. Vom Richter Azdak in Brechts „Der Kaukasische Kreidekreis" wird gesagt, das er des Rechtes unkundig sei, aber viel von Gerechtigkeit verstehe. Bärbel Bohley brachte die Spannung zwischen Recht und Gerechtigkeit auf die Pointe: „Wir suchten die Gerechtigkeit und fanden den Rechtsstaat". Graf Klaus von Stauffenberg konnte sich mit seinem Attentat auf Hitler nicht auf nazistisches Recht berufen. Er berief sich auf ein höheres Recht, das wir Gerechtigkeit nennen.

Vernünftige Gründe bilden das Urteil.

In den Händen trägt die Symbolgestalt Gerechtigkeit Waage und Schwert. Die Waage symbolisiert die Besonnenheit, die das Für und Wider abwägt und jeder Urteilsfindung vorausgeht. Mit dem Schwert wird die Entschlossenheit des Handelns sinnlich wahrnehmbar. Gerechtigkeit verbleibt nicht in reiner Innerlichkeit und begnügt sich nicht mit Gesinnung. Verwirklicht wird die Gerechtigkeit in äußerem Tun. „Im Bereich von Gerecht und Ungerecht kommt es erstlich darauf an, was der Mensch nach außen hin tut" (Thomas von Aquin).

Ihre Bewährungsprobe erhält die Gerechtigkeit in der Verteilung knapper Güter. Im Schlaraffenland ist die Gerechtigkeit wenig gefragt. Karl Marx erstrebt in seiner Zukunftsvision eine Gesellschaft des Überflusses, in der alles zum Nulltarif zu haben ist: „Jeder nach seinen Bedürfnissen". Diese Gesellschaft liegt in Utopia.

In Schlaraffia und im sozialistischen Himmel auf Erden ist Gerechtigkeit arbeitslos.

Verteilungsgerechtigkeit als sozialistisch zu diffamieren, ist deshalb eine Unterschätzung des utopischen Gehalts des Sozialismus und ein Indiz für die argumentative Oberflächlichkeit des neoliberalen Mainstream, in dem solches zu hören ist. Verteilungsgerechtigkeit ist bestenfalls ein taktisches Mittel des Marxismus, aber kein marxistisches Prinzip. Wenn alle gleich sind, gibt es nichts mehr zu verteilen.

Wenn wir nicht aus dem Paradies entlassen worden wären,

gäbe es kein Gerechtigkeitsverlangen, weil wir alles hätten, was wir wollten. Das Streben nach Gerechtigkeit entspringt dem Heimweh nach dem Paradies. Gerechtigkeit ermöglicht uns, mit den Unvollkommenheiten zurechtzukommen.

Erst nachdem die Menschen zwischen Gut und Böse unterscheiden und sich zwischen ihnen entscheiden konnten, trat die Gerechtigkeitsfrage auf. Unter den realen Bedingungen, unter denen Menschen existieren, bleibt die Gerechtigkeit ein konstituierendes Prinzip des Zusammenlebens.

2. Die drei Grundbeziehungen der Gerechtigkeit

Die Gerechtigkeit entfaltet sich nach christlicher Soziallehre in drei Grundbeziehungen:
1. zwischen den Einzelnen
2. vom Ganzen zum Einzelnen
3. und vom Einzelnen zum Ganzen.

Zwischen den Einzelnen herrscht die ausgleichende Gerechtigkeit *(iustitia communitativa)*, die den gleichwertigen Anteil der Partner an dem Tausch regelt. Sie bestimmt das Verhältnis der Einzelnen auf der Grundlage der Gleichwertigkeit. Gleichwertigkeit (Äquivalenz) gilt sowohl beim Tausch wie bei der Wiedergutmachung von Schaden.

Um das Verhältnis zwischen Ganzen und Teilen geht es sowohl in der Verteilungsgerechtigkeit *(iustitia distributiva)* als auch in der gesetzlichen, allgemeinen Gerechtigkeit *(iustitia legalis)*. Im ersten Verhältnis ist das Ganze das Subjekt und die Teile das Objekt, im zweiten ist es umgekehrt.

In beiden Fällen geht es um Beteiligung. Die Gerechtigkeit ordnet Beziehungen und Beteiligungen.

Gerechtigkeit ist gemäß ihrer Konstitution in allen drei Dimensionen sozial. Insofern ist der Begriff „soziale Gerechtigkeit" ein „weißer Schimmel". Gerechtigkeit bezieht sich immer auf andere *(iustitia est ad alterum)*.

Ausgleichende Gerechtigkeit

Die ausgleichende Gerechtigkeit *(iustitia commutativa),* auch Tauschgerechtigkeit genannt, wird vom Äquivalenzprinzip getragen: die Beteiligung entspricht arithmetischen Regeln.

Mit Hilfe des Äquivalenzprinzips, das im Tausch zur Anwendung kommt, überwanden die Menschen die engen Grenzen des Stammes und seiner Fürsorge. Im marktwirtschaftlichen Tausch kompensieren die Tauschenden die eigene Schwäche mit der Stärke des anderen: Fleisch, das der Jäger anbietet, gegen die Schüssel des Töpfers. Seiner Anlage nach ist der Tausch ein friedliches Geschäft, was nicht heißt, dass die Tauschverhandlungen nicht im Streit enden können. Aber ursprünglich mussten die Tauschenden die Speere und Äxte hinlegen, bevor sie zu tauschen begannen. Eine Welt, deren Handel durch Tauschgerechtigkeit verbunden wäre, würde den Frieden sicherer machen als ein Friede, der lediglich auf Abschreckung der Waffen beruhte.

Die Tauschwirtschaft ermöglichte einen Wohlstand, der den der autarken Hauswirtschaft übertraf. Die Marktwirtschaft ist die moderne Version der Tauschwirtschaft.

Das Äquivalenzprinzip, das den wirtschaftlichen Tausch steuern soll, ist jedoch nicht so einfach, wie es auf den ersten Blick aussieht. Was ist der Wert, der in den Vergleich eingeht? Wie wird er gemessen? Was soll äquivalent sein?

Karl Marx maß den Wert eines Produktes an der Zahl der Arbeitsstunden, die für seine Herstellung aufgewendet wurden. Der Kapitalbesitzer aber gibt dem Arbeiter nur so viel Lohn, wie dieser zur Reproduktion seiner Arbeitskraft benötigt. „Dass ein halber Arbeitstag nötig ist, ihn, den Arbeiter, zu erhalten, hindert den Arbeiter keineswegs, einen ganzen Tag zu arbeiten" (Karl Marx). Die Mehrarbeit schafft den profiterzeugenden Mehrwert. So die Kurzfassung der marxschen Arbeitswertlehre. Es wird jedoch komplizierter, wenn man berücksichtigt, dass die Leistung der Arbeiter pro Arbeitsstunde unterschiedlich ist. Dieser Unterschied spiegelt sich in der Produktivität der Arbeitskraft, in die beispielsweise Bildungs- und Sozialinvestitionen eingehen. Korrekterweise muss deren Anteil in Arbeitsstunden umgerechnet und aus dem Äquivalenzwert herausgerechnet werden, um zu dem Begriff der „gesellschaftlich notwendigen Arbeitszeit" zu kommen, mit dem Marx der Komplexität des Arbeitszeitwertes zu entkommen suchte.

Die Marktwirtschaft entging den Schwierigkeiten der Arbeitswertlehre für die Berechnung der Äquivalenz von Leistung und Gegenleistung, indem sie die Knappheit zum Maßstab des Preises erhob. Angebot und Nachfrage regeln den Preis. Was knapp ist, ist teuer. Wenn die Müllmänner knapp werden, die Professoren aber so zahlreich wie Sand am Meer sind, muss nach marktwirtschaftlicher Logik das Professorengehalt fallen und der Müllmannlohn steigen. Der Preis der Ware lenkt die Verteilung der Arbeitskräfte auf den Arbeitsmarkt. Die Arbeit wandert zu den besseren Weideplätzen, also dorthin, wo es höhere Löhne gibt. In der Realität hoher Arbeitslosigkeit orientieren sich die Arbeitnehmer allerdings nicht an der Lohnhöhe, sondern am Arbeitsplatz. Wenn 30 Arbeitnehmer um einen Arbeitsplatz konkurrieren, gehen 29 leer aus, selbst wenn alle 30 Null Lohn gefordert hätten. So weit – so gut.

Die Knappheit der Güter ist der Normalfall. Selbst die Satten haben zwischenzeitlich Hunger, und die Reichen wollen immer mehr. Knappheit trifft die Menschen in existentiell unterschiedlicher Härte. Der Wunsch des Verwöhnten nach dem Zweitwagen wird weniger von der Knappheit getrieben als das Verlangen des Verdurstenden nach einem Glas Wasser. Für den Verdurstenden in der Sahara ist ein Glas Wasser lebensrettend, für den Verkäufer Marktmacht. Er kann warten, bis der Käufer bereit ist, Wucherpreise zu zahlen.

Die Pharmaindustrie gibt im Kampf gegen Haarausfall und Erektionsschwäche doppelt so viele Forschungsgelder aus als im Kampf gegen Aids, Malaria, Gelbfieber und Bilharziose. Marktwirtschaftlich entspricht das der Ratio von Angebot und Nachfrage. Die Kunden, die Viagra bedürfen und unter Haarausfall leiden, haben in der Regel höhere Kaufkraft als die Aidskranken in Afrika.

Amartya Sen, Nobelpreisträger für Wirtschaftswissenschaften, weist fast sarkastisch darauf hin, dass das Grundprinzip des Marktmechanismus für private Güter wie Äpfel und Birnen gelte, nicht aber für öffentliche Güter wie eine malariafreie Umwelt. Das Tauschprinzip unter existentiellen Knappheitsbedingungen hat eine begrenzte Ordnungsfunktion. Die ausgleichende Gerechtigkeit ist eine der drei Grundformen der Gerechtigkeit, aber nicht das umfassendes Gerechtigkeitsprinzip.

Äquivalenzprinzip und Marktwirtschaft markieren wichtige Etappen der gesellschaftlichen Entwicklung. Aber sie sind nicht das Ziel aller Entwicklung. „Die Marktwirtschaft ist nicht alles. Sie muss in eine höhere Gesamtordnung eingebettet werden, die nicht auf Angebot und Nachfrage, freie Preise und Wettbewerb beruhen kann" (Wilhelm Röpke).

Für eine brauchbare Gerechtigkeitstheorie liefert das Äquivalenzprinzip vor allem das Symmetriegebot, das jede Diskriminierung ausschließt und Asymmetrien rechtfertigungspflichtig macht. Eine Ungleichbehandlung, weil jemand einer bestimmten Rasse oder Klasse angehört, verstößt gegen die Symmetrie der ausgleichenden Gerechtigkeit ebenso fundamental wie die Ausnutzung von Marktmacht im Tauschgeschäft.

Die ausgleichende Gerechtigkeit setzt Personen mit arithmetischer Proportionalität gleich und gleicht Ungleichheit so aus, „dass das ausgleichende oder wiederherstellende Recht die Mitte zwischen Nachteil und Vorteil, zwischen Zuviel und Zuwenig setzt" (Aristoteles).

„Marktwirtschaft pur" kann diese Symmetrie-Bedingung noch nicht sicherstellen. Sie bedarf der Einordnung in eine umfassendere soziale Ordnung. „Dem Individualprinzip im marktwirtschaftlichen Kern muss das Sozial- und Humanitätsprinzip die Waage halten" (Wilhelm Röpke).

Das Äquivalenzprinzip ist jedoch nicht auf die Welt der materiellen Güter begrenzt. Es übersteigt die Grenzen der Wirtschaft. Im alttestamentarischen Strafrecht „Aug um Aug" ist die Gleichwertigkeit enthalten, welche die Vergeltung nicht verletzten durfte. Gleichwertigkeit zügelte die blinde Rachsucht. Zur ausgleichenden Gerechtigkeit gehört also auch die strafende Gerechtigkeit *(iustitia indicativa)*. Auch der beiderseitige Gewaltverzicht gehört zur Tauschgerechtigkeit. Der Radius ihrer Zuständigkeit übertrifft das Wirtschaftliche.

Die Goldene Regel: „Was du nicht willst, das man dir tu, das füg auch keinem andern zu" ist eine moralische Version des Äquivalenzprinzips. Der Goldenen Regel fehlt allerdings die Bedingung wechselseitiger Anerkennung. Die Goldene Regel würde beispielsweise einem Masochisten erlauben, anderen jene Qualen zuzufügen, die er sich genussvoll selber antut. Der kantsche Kategorische Imperativ schließt diese Lücke der Goldenen Regel, weil er von der Verallgemeinerungsfähigkeit des eigenen Handelns ausgeht. Die Maxime des eigenen Handels wird unter die Verwendungsfähigkeit einer allgemeinen Gesetzgebung gestellt.

Die Äquivalenz ist also ein grundlegendes Prinzip des gerechten Zusammenlebens der Menschen. Thomas von Aquin hat die ausgleichende Gerechtigkeit in einem ausführlichen Traktat „Wiederherstellung" (*Restitutio*) genannt. Thomas geht davon aus, dass in der Welt der Interessen, Gegensätze und des Machtkampfes zunächst die Ungerechtigkeit gilt, die erst durch die Äquivalenz in den Beziehungen zum Ausgleich gebracht wird. „Es ist wohl auch darauf hingewiesen, dass der Zustand wirklicher Ausgeglichenheit in der Menschengemeinschaft nie ein für allemal erreichbar ist. Vielmehr in einem unbeendlichen Vorgang des ständigen Ausgleichs immer neu gestörter Ordnung zu verwirklichen sei" (Josef Pieper).

Historisch ist die Tauschgerechtigkeit die jüngste Gerechtigkeitsform. Sie konnte erst begriffen werden, nachdem Menschen als gleiche Subjekte in Beziehung getreten waren. Erst wenn die Verteilungsgerechtigkeit Tauschpartner auf gleiche Augenhöhe gebracht hat, kommt die Tauschgerechtigkeit zum Zuge. Fuchs und Gans sind schlechte Tauschpartner. Die Tauschgerechtigkeit fußt auf der Basis der Gleichheit. Ohne Gleichheit keine Tauschgerechtigkeit.

Verteilungsrechtigkeit

Verteilungsgerechtigkeit *(iustitia distributiva)* und allgemeine Gerechtigkeit *(iustitia legalis)* stellen die zweite und dritte Dimension der Gerechtigkeit dar. Beide stützen sich wechselseitig. Sie sind gleichsam die zwei Bahnen, auf denen sich wie im Gegenverkehr die Beziehungen zwischen dem Einzelnen und dem Ganzen ordnen.

In der Verteilungsgerechtigkeit wie in der allgemeinen Gerechtigkeit geht es – anders als nach der Äquivalenz – um Proportionalitäten, die nach der Analogie der Geometrie geordnet werden. Die Proportionalität ist dann gewahrt, wenn Vor- und Nachteile für den Einzelnen und der Einzelnen zueinander in einem angemessenen Verhältnis zueinander stehen.

Der Grundsatz der Proportionalität gebietet, Gleiches gleich und Ungleiches ungleich zu behandeln. „Es muss dieselbe Gerechtigkeit bei den Personen, denen ein Recht zusteht, vorhanden sein wie bei den Sachen, worin es ihnen zusteht" (Aristoteles). Eine Kopfpauschale behandelt zum Beispiel Ungleiches gleich. Sie verstößt gegen die elementaren Regeln der allgemeinen Gerechtigkeit. (Dies wird auch nicht dadurch „gutgemacht", dass den sozial Schwächeren staatliche Zuschüsse zugeteilt werden. Denn eine solche Regelung widerspricht dem Subsidiaritätsprinzip, weil sie Sozialversicherungsfinanzen und Staatsfinanzen weiter vermengt.)

Verteilungsgerechtigkeit lässt sich im Einzelfall nicht buchhalterisch quantifizieren. Aber auch „Bandbreiten" der Verteilungsgerechtigkeit haben ihre Grenzen. Die Verteilung der Güter dieser Erde, die Eigentumsverteilung hierzulande widerspricht zweifelsfrei der Verteilungsgerechtigkeit. Die oberen 10 Prozent der Haushalte in Deutschland haben im Durchschnitt ein Vermögen von 670.000 Euro, die unteren 10 Prozent Schulden in Höhe von 8.000 Euro im Durchschnitt. Wie die Gerechtigkeitsrechnung aussieht, weiß ich nicht. Aber dass in dieser großen Kluft zwischen Reichtum oben und Schulden unten die Göttin Justitia spurlos verschollen ist, daran zweifle ich nicht.

Die Verteilungsgerechtigkeit ordnet die Pflichten der Gemeinschaft gegenüber dem Einzelnen. Darin sind nie nur materielle Subsidien gemeint, sondern auch die Möglichkeiten der Selbstentfaltung der Menschen. Verteilungsgerechtigkeit umfasst also auch Bildungschancen und die Lebensfähigkeiten intermediärer Institutionen, von denen die Familie die wichtigste ist.

Allgemeine Gerechtigkeit

Die „gesetzliche" oder „allgemeine" Gerechtigkeit (*iustitia legalis*) verpflichtet den Einzelnen auf seinen Beitrag zum Ganzen. Aristoteles preist sie: „Weder Abendstern noch Morgenstern sind so schön". Die gesetzliche oder allgemeine Gerechtigkeit überragt die beiden anderen Grundformen, weil sie die größere Nähe zum Gemeinwohl besitzt.

Der Begriff „gesetzliche Gerechtigkeit" verleitet allerdings zu einem legalistischen Missverständnis, bei dem moralische Aspekte der Gerechtigkeit zu kurz kommen. Deshalb kommt dem neuzeitlichen Verständnis der Begriff allgemeine Gerechtigkeit näher. Für Aristoteles bestand diese Schwierigkeit nicht, weil er im Staat und seinen Gesetzen die Voraussetzung jedweder Tugend sah.

Was schuldet der Einzelne dem Ganzen? Der Verpflichtungscharakter des Gemeinwohls wird in der allgemeinen Gerechtigkeit deutlich. Abgewägt wird in der allgemeinen Gerechtigkeit der Beitrag des Einzelnen und seine Bedeutung für die Erhaltung des Ganzen. Steuer- und Abgabenrecht sind hervorragende Beweisfelder allgemeiner Gerechtigkeit. Sie beginnt mit der Achtung der Gesetze. Sokrates nahm diese Pflicht so ernst, dass er die Fluchtmöglichkeit vor der Vollstreckung der Todesstrafe ausschlug, weil er dem Staat Anerkennung zollte, obwohl er das Todesurteil als Fehlurteil verstand.

Die Gesetzestreue ist ein hohes Gut der allgemeinen Gerechtigkeit. Der Rechtsstaat verdankt sein Entstehen der allgemeinen Gerechtigkeit. Vor dem Gesetz sind alle gleich. Die Gleichheit vor dem Gesetz ist eine der größten Erfindungen der Menschheit. Sie ersetzte die Macht des Stärkeren, dessen Knüppel entschied, was gemacht wurde. Die Demokratie erleichtert die Gesetzestreue, indem sie die Gesetzgebung an unveränderbare Grundrechte bindet und veränderbare Gesetze von Mehrheiten abhängig macht. An dem, was gelten soll, wirken die der Geltung Unterworfenen mit. Das gibt der Achtung vor dem Gesetz in der Demokratie einen zusätzlichen Schub. Die Gesetzestreue, auf welche der Rechtsstaat bestehen muss, wird auch durch ein Ehrenwort nicht außer Kraft gesetzt.

Gerechtigkeit zielt im Pflichtenkatalog der allgemeinen Gerechtigkeit nicht nur auf den Steuerzahler, sondern ebenso auf die Gemeinwohlverpflichtung jedes Bürgers.

Es geht in der Gerechtigkeit nicht nur um Geld und materielle Güter. Die allgemeine Gerechtigkeit betrifft als Gemeinwohlgerechtigkeit auch die ausgleichende und verteilende

Gerechtigkeit, denn sie ordnet alle Akte der Gerechtigkeit auf das Gemeinwohl hin. Insofern müssen sich alle Akte, sowohl der Tauschgerechtigkeit wie der Verteilungsgerechtigkeit, vor dem Gemeinwohl rechtfertigen. Die Ergebnisse der Tauschgerechtigkeit wie der Verteilungsgerechtigkeit stehen unter der Beweislast vor dem Gemeinwohl.

Die dreifache Gerechtigkeit beinhaltet ein anspruchsvolles Programm, dessen Absender und Empfänger der Mensch als ein individuales und soziales Wesen ist.

Verteilungs- und allgemeine Gerechtigkeit regelt Verhältnisse zwischen Einzelnen und Gemeinschaften. Das Subsidiaritätsprinzip unterstützt dabei beide Gerechtigkeitsformen, indem sie die Zuständigkeit der Gemeinschaft so abstuft, dass einerseits die größere Gemeinschaft nur übernehmen darf, was die kleinere nicht regeln kann. Andererseits aber verpflichtet das Subsidiaritätsprinzip auch die größere Gemeinschaft zum *Subsidium*, also zur Unterstützung der kleineren, damit diese ihre Aufgaben erfüllen kann. Analog der Verteilungs- und der legalen Gerechtigkeit geht es im Subsidiaritätsprinzip immer um beiderseitige Rechte und Pflichten. Es ist also völlig daneben gegriffen, wenn Neoliberale das Subsidiaritätsprinzip für ihren Individualismus in Anspruch nehmen wollen. Ohne sozialen Zusammenhang hängt das Subsidiaritätsprinzip in der Luft. Das Subsidiaritätsprinzip ist das Kompetenzprinzip der Solidarität.

Jedem das Seine

Gerechtigkeit, das ist das Gemeingut der abendländischen Philosophie, findet ihren klassischen Ausdruck im Grundsatz: „Jedem das Seine" (*suum cuique*).

Von Platon über Aristoteles bis Thomas von Aquin jedenfalls war trotz variantenreicher Formulierungen die Grundüberzeugung der abendländischen Philosophie, dass es jemanden gibt, dem das Seine zusteht. Dieser Jemand, dem etwas zusteht, ist nach christlicher Überzeugung jeder. Das ist die eigentliche christliche Revolution: „Nur einer ist euer Meister. Ihr aber seid Brüder und Schwestern". Diese fundamentale Gleichheit sprengt den antiken Gerechtigkeitsbegriff, dessen Anspruch auf die Bürger eingeschränkt war und die Sklaven ausschloss.

Jeder hat Anspruch auf Gerechtigkeit und niemand ist ausgestoßen: Das Grundkapitel der christlichen Gerechtigkeit beschreibt die Gleichheit der Kinder Gottes. Alle Menschen haben eine Würde, die ihnen niemand nehmen kann, weil sie von Gott gegeben und nicht von Menschen gemacht ist. Die Würde des Menschen ist unabhängig von Rasse, Religion, Geschlecht, Intelligenz, Reichtum oder Armut. Die Elementarkunde Gerechtigkeit ist ganz einfach: Anerkennung der Würde jedes Menschen.

So kompliziert und differenziert Gerechtigkeitssysteme auch sein mögen, es gibt ein paar Sachen, die gelten überall. Folter ist ungerecht. In Guantanamo ebenso wie in Grosny. Hunger tut immer weh.

Man muss nicht Plato oder den Papst studiert haben, um die Grundgebote der Gerechtigkeit zu akzeptieren.

Suum cuique. Über diesen moralischen Befehl kommt keine neuere Gerechtigkeitsphilosophie hinaus. Jeder Mensch hat diesen Anspruch. Das ist das Gleichheitsfundament der Gerechtigkeit, auf dem die Differenzierungen aufbauen. Im „Seinen" sind „Gleiches" und „Unterschiedliches" enthalten. Gleiches gleich behandeln ist das Grundprinzip der ausgleichenden Gerechtigkeit. Unterschiedliches unterschiedlich behandeln ist die Differenzprobe der Verteilungs- und der allgemeinen Gerechtigkeit.

Die Ordnung der menschlichen Gesellschaft steht im Spannungsbogen zwischen Gleichheit und Differenz.

Gerechtigkeit ist anstößig. Es wird immer darüber gestritten werden, was Gerechtigkeit ist und was sie fordert.

Des Kampfes müde empfiehlt der Pragmatismus, sich der Wertungen zu enthalten und sich mit Hypothesen zu begnügen. Die Annahmen sollen sich in der Praxis bewähren. Erfahrung soll das Untaugliche ausscheiden. Diese resignative Empfehlung, welche die idealen Ziele aufgegeben hat, übersieht, dass auch der Pragmatismus nicht ohne Zielangabe auskommt. Denn Versuchen müssen Ziele gesetzt sein: „Selbsterhaltung", „Zusammenleben", „Freiheit" und „Gerechtigkeit" sind nicht Hypothesen, sondern Ziele. Diese Ziele sind auch ohne Erfahrung evident und deshalb Voraussetzung von Hypothesenbildung.

Es führt kein Weg an der Anstrengung vorbei, die Gerechtigkeit zu suchen und ihr zu folgen. Es gibt trotz Streites über Gerechtigkeit keinen anderen Weg zum Frieden.

III. Menschenbilder

Die Entfaltung der Gerechtigkeit, die „jedem das Seine" zuteilt, kann die Frage, was das Seine sei, nur beantworten, wenn zuvor geklärt ist, wer dieser Mensch ist, dem das Seine zusteht. Über das Seine kann also nicht gesprochen werden, ohne über das Subjekt des *Suum* Klarheit zu schaffen. Das Menschenbild prägt das Gesellschaftsbild. In *Gaudium et spes*, der Pastoralkonstitution des Zweiten Vatikanischen Konzils, heißt es: „Die gesellschaftliche Ordnung und ihre Entwicklung müssen sich dauernd am Wohl der Personen orientieren, denn die Ordnung der Dinge muss der Ordnung der Personen dienstbar werden und nicht umgekehrt." Das ist der Kernsatz der christlichen Soziallehre. Die Sozialausschüsse der Christlich-Demokratischen Arbeitnehmer haben dies in ihrer Offenburger Erklärung 1966 noch einfacher formuliert: „Der Mensch ist wichtiger als die Sache" und „Arbeit ist mehr wert als Besitz".

„Der Mensch ist das Maß aller Dinge", behauptet Protagoras. Die Sophisten konnten allerdings das Dilemma nicht auflösen, welches Maß bei Meinungsverschiedenheiten zwischen Menschen gelten soll. In diesem Fall gab es nur den sophistischen Streit über das bessere Maß, ohne dass es einen übergeordneten Maßstab gab, an dem das Bessere gemessen werden konnte.

Die Grundfrage der Soziallehre ist anthropologisch: „Sage mir, welches Menschenbild du hast, und ich sage dir, in welcher Gesellschaft du leben willst".

1. Individualismus

Der Individualismus antwortet auf die Frage, was der Mensch sei: Der Mensch ist ein Einzelner. Für den Individualismus spricht eine in der Natur des Menschen tief verwurzelte Sehnsucht nach Unverwechselbarkeit, die freilich kulturell variiert. Die Individualität begrenzt den Menschen. Keiner kann alles, was menschenmöglich ist. Das ihm Mögliche und Verwirklichte macht den Einzelnen zum Individuum.

In den großen Grenzerfahrungen des Lebens, deren letzte der Tod ist, lässt sich der Mensch nicht vertreten, weil er sie als Individuum meistern muss. Das spricht für die Individualität des Menschen. Im Unterschied zu anderen Gegenständen und Lebewesen ist der Mensch ein rechenschaftsfähiges Ich. Das Gewissen als letzte menschliche Instanz ist nicht allgemein, sondern individuell. Nur der Einzelne als Träger einer individuellen Urteilskraft kann schuldig werden. Diese und andere Argumente stützen das individualistische Menschenbild.

Der Individualismus hat weitgehende soziale Folgen.

Die Gerechtigkeit unter dem Diktum des Individualismus kennt nur die Beziehungen zwischen Einzelnen. Ihre Form ist die Tauschgerechtigkeit und ihr Regulativ das Äquivalenzprinzip. Marktordnungen und Staat sichern die Vertragsbeziehungen zwischen den Einzelnen, darin erschöpft sich das individualistische Gerechtigkeitsverständnis.

Der Staat hat in diesem Konzept nur die Funktion des Nachtwächters und des Marktpolizisten.

Der Staat verdankt sein Entstehen in dieser individualistischen Form nur der Klugheit des Willens zur Selbsterhaltung.

Die primäre, nach innen gerichtete Aufgabe des Staates ist im individualistischen Verständnis der Schutz des Eigentums; die primäre, nach außen gerichtete Aufgabe die Abwehr der Feinde. Mit Thomas Hobbes beginnt der groß angelegte Versuch, die Gesellschaft aus dem Blickwinkel der individuellen Interessen zu betrachten und aufzubauen. Die Sozialphilosophie des Individualismus verzichtet auf alle normativen Begriffe. Anstelle einer „übergeordneten Ordnung" treten Vertragsbeziehungen zwischen Individuen.

In der christlichen Soziallehre ist der Staat jedoch nicht die Wach- und Schließgesellschaft der Besitzenden. Thomas von Aquin betrachtet den Staat als eine *societas perfecta*, auf die der Mensch als politisches Wesen angewiesen ist. Nur Gott und der Teufel bedürfen keines Staates, wie schon Aristoteles bemerkte.

Die individualisierte Gerechtigkeit schützt lediglich die wechselseitigen Interessen vor gegenseitiger Vernichtung. Gerechtigkeit spielt also nur die Rolle einer Verkehrsordnung, die gravierende Zusammenstöße verhindern soll.

Das Handlungsfeld der individualistischen Gerechtigkeit sind Beziehungen zwischen Individuen. Sie unterliegen dem Äquivalenzprinzip, das die Tauschgerechtigkeit steuert. Für Verteilungsgerechtigkeit ist in dieser Vorstellung kein Platz und die gesetzliche Gerechtigkeit schrumpft auf eine Art Verfahrensordnung.

Der Individualismus hat sich im Kapitalismus zur Blütenpracht entfaltet.

Der Markt bleibt im Kapitalismus sich selbst überlassen, weil jeder Eingriff bereits Einmischung eines Dritten in die Geschäfte zwischen zweien ist. Keine Hand darf ins Marktgeschehen eingreifen. Eine „unsichtbare Hand" (Adam Smith) löst alle Gegensätze auf. Der Markt ist nach kapitalistischem Verständnis eine höhere Macht, scheinbar an einem der sechs Schöpfungstage von Gott geschaffen und wie ein Naturgesetz der Wirtschaft eingeschrieben.

Die „unsichtbare Hand", die alles in Harmonie auflöst, ist der säkularisierte Nachfolger der Vorsehung Gottes, die alles zum Guten richtet. Der Kapitalismus verdankt sein Entstehen, wie Max Weber beschrieben hat, auch starken religiösen Motiven, die aus dem Calvinismus kamen.

Die religiösen Ziehväter des Kapitalismus glaubten an die

calvinistische Prädestinationslehre. Das ewige Schicksal ist von Gott vorbestimmt. Der wirtschaftliche Erfolg ist lediglich die Bestätigung der Auserwähltheit. Deshalb waren die ersten Kapitalisten im Unterschied zu einigen ihrer degenerierten Enkel keine Playboys, sondern Asketen, die jeden Gewinn ins Werk investierten, weil sie fanatisch auf den Gnadenerweis Gottes fixiert waren.

Kapitalismus in seiner calvinistischen Inspiration war das von Angst getriebene Projekt, Antwort auf die Frage zu erhalten, ob es Gott gut mit einem meint. Geistesgeschichtlich wie später politisch kommt dem Individualismus und seiner politischen Formation, dem Liberalismus, das große Verdienst zu, gegenüber dem übermächtigen Staat die Rechte des Einzelnen erkämpft und verteidigt zu haben.

2. Kollektivismus

Die den Menschen auszeichnenden Fähigkeiten sind sozialer Prägung. Wir erfinden unsere Sprache nicht selbst. Der Sprechende ist auf Verständnis angewiesen. Menschsein ist auf Mitmenschlichkeit angelegt. Denken, Fühlen, Sprechen gibt es nicht ohne die anderen.

Die Sozialität des Menschen sprengt jede Vereinzelung. Der Mensch fällt nicht vom Himmel oder wächst ohne jede soziale Bindung auf, wie Thomas Hobbes ihn darstellt. Er ist existenziell auf andere angewiesen. Das spricht für die Sozialität des Menschen.

Den Menschen als isoliertes Einzelwesen gibt es gar nicht, denn mehr als jedes andere Lebewesen ist er auf andere angewiesen. Er ist zu schwach, um als Individuum zu überleben. Die Natur hat ihn im Stich gelassen. Er ist ein „Mängelwesen" (J. G. Herder), das seine Schwächen sozial kompensieren muss. Auch sein Gewissen ist nicht in Selbsthilfe hergestellt, sondern sozial mitgeprägt. Der Mensch ist keine *tabula rasa*, eine leere Tafel, die er selbst beschreibt. Der Kollektivismus hat große politische Bewegungen ausgelöst.

Der Sozialismus versteht den Menschen nur als Gattungswesen. Der Einzelne ist nur Baustein eines größeren Ganzen. Der Staat ist eine Art Übermensch, der seinen Teilen die Funktion zuweist. Um des Großen und Ganzen wegen war der Sozialismus bereit, auch Einzelne zu opfern.

Der von Karl Marx beschriebene Weg ins Paradies der klassenlosen Gesellschaft führt über die Verelendung des Proletariats, auf welche die Revolution angewiesen ist, weil sich an dem Elend der Funke der Erhebung entzünden soll. Das ist der tiefere Grund, weshalb die Marxisten der Sozialpolitik fremd bis feindlich gegenüberstanden. Die Sozialpolitik war im Blick des historischen Prozesses eine Revolutionsbremse. Das Individuum ist in marxistischer Weltdeutung nur ein Vehikel der Gattung. Der Einzelne ist nichts, das Kollektiv ist alles. Es ist deshalb nur konsequent, dass Kommunisten um eines größeren Zieles wegen Millionen von „einzelnen" Menschen nicht als Individuen betrachten. „Die Partei hat immer Recht" ist das „Volkslied" zur marxistischen Verachtung des Einzelnen. Die Person ist nichts, die Gesellschaft alles. „Personenkult" ist Revolutionsverrat.

War die Sünde in der christlichen Theologie Abwendung von Gott (*alienatio a deo*), so ist „Entfremdung" im Marxismus die Abwendung vom Ganzen der Gesellschaft.

Der Sozialismus konnte der Individualität keinen Spielraum und der Differenzierung keine Chance geben. Der Sozialismus scheiterte am Widerstand der Eigenständigkeit des Menschen. Man versteht den Kollektivismus in seiner politischen Wirksamkeit nur, wenn er auch als historischer Pendelschlag gegen individualistische Hilflosigkeit und kapitalistische Ausbeutung gesehen wird. Den heimatlosen Handwerksburschen, den weggelaufenen Bauern, beide ins Proletariat des Industriezeitalters befreit, gab Karl Marx eine neue Heimat durch das kollektive Bewusstsein, die Klasse zu sein, die dem Elend ein Ende macht und das Heil herbeiführt. Das erklärt die geradezu religiöse Inbrunst, mit welcher der Marxismus aufgenommen wurde. Die Triebkraft des Sozialismus ist „ein verletztes Rechtsgefühl und eine verkannte Liebe" (Theodor Steinbüchel).

Zwischenbescheid

Individualismus und Kollektivismus können beide gewichtige Argumente für ihre anthropologische Position vortragen. Beide verkünden jedoch nur eine Teilwahrheit, und beider Irrtum besteht in der Totalisierung des Partiellen.

Der Mensch ist sowohl Individuum als auch Sozialwesen.

Individualität und Sozialität stellen den Menschen in eine Spannung, die er und die Gesellschaft ständig ausgleichen müssen.

Die christliche Soziallehre ist eine Lehre von der Balance zwischen Individualität und Sozialität, die sich nicht gegenseitig sektoral abgrenzen lassen, sondern miteinander verschränkt sind. Vom Standpunkt der Mitte hält die christliche Soziallehre gleich weiten Abstand zu den Einseitigkeiten von Individualismus und Kollektivismus, die gleicherweise zu verneinen sind, wie in der 1931 erschienenen Sozialenzyklika *Quadragesimo anno* zu lesen ist. Im Rahmen des großen Ost-West-System-Wettbewerbs geriet diese Äquidistanz bisweilen in Vergessenheit. Im Kampf gegen den Sozialismus lehnten und lehnen sich manche Christlich-Soziale mit dem Rücken an die Wand des Liberalismus – so auch das Bischofswort: Das Soziale neu denken.

Individualismus und Kollektivismus haben ihre Zeit gehabt. An keiner Stelle und zu keinem Zeitpunkt haben sie funktioniert. Ihre Zeit ist vorbei. Der Sozialismus ist zusammengebrochen. Keines seiner Versprechen hat er halten können: Weder Freiheit, Gleichheit, noch Wohlstand hat er gebracht. Die Rote Fahne ist getränkt vom Blut der Ermordeten. Im real existierenden Sozialismus gab es mehr Unterschied zwischen Regierenden und Regierten, als eine Demokratie ertragen konnte. Der Kapitalismus auf der anderen Seite zieht eine Schleifspur von Elend hinter sich her. Aus „Wohlstand für alle" hat er „Reichtum für wenige" gemacht, der mit Ausbeutung von Mensch und Natur bezahlt wird.

Und keiner von beiden kann sich für fehlende Erfüllung der an ihn je geknüpften Hoffnungen mit ungünstigen Bedingungen und Zeitumständen herausreden, denn beide haben unter allen möglichen Umständen und Bedingungen versucht, ihren ideologischen Willen durchzusetzen; unter agrargesellschaftlichen Bedingungen, in industriellen Gesellschaften, unter heidnischen, christlichen, buddhistischen, islamischen, hinduistischen Umständen: nirgendwo hat es geklappt.

3. Personalismus

Die Erkenntnis, dass der Mensch Person sei, hat eine lange Inkubationszeit. In mythischen Vorzeiten war der Einzelne nur als Urvater oder Urmutter bekannt. In der Vorgeschichte trat er als großer Gesetzgeber, Heerführer und Entdecker auf. Der Einzelne war die Ausnahme, die Gemeinschaftsglieder die Regel.

Die griechische Philosophie entzog dem Mythos des überlegenen Einzelnen den Boden, indem sie den Logos an seine Stelle treten ließ. Der Mensch traut sich nun zu, Wahrheit mit vernunftbestimmtem Denken zur Sprache zu bringen. Nichts war vor den Fragen des Sokrates sicher. Woher? Wozu? Warum? Wohin? Darauf suchten Sokrates, Plato und Aristoteles Antworten.

Die christliche Botschaft radikalisierte die Antwort. Sie war nämlich die Antwort eines personifizierten Gottes, der Mensch

„mit Fleisch und Blut" geworden war. Gesetz und Ordnung werden relativiert. Sie sind Behelfswerke. Mensch und Gott sind originäre Beziehungen, alle anderen sind Ableitung. Gott und Mensch, sind keine „Dinge", sondern Personen. Der Personalismus setzte an die Stelle eines anonymen „Weltgeistes" oder einer gesichtslosen Materie eine „Person", die sich in Beziehungen entfaltet, wobei die Ich-Du-Beziehung alle Ich-Es-Beziehungen übertrifft (Martin Buber).

Person ist nicht etwas, sondern jemand, und dieser „Jemand" ist einmalig und doch nicht allein. „Person" bedeutet, dass ich in meinem Selbstsein letztlich von keiner anderen Instanz besessen werden kann, sondern mir gehöre. „Ich kann in einer Zeit leben, in der es Sklaverei gibt, also ein Mensch einen anderen Menschen kauft und über ihn verfügt. Diese Macht übt der Kaufende aber nicht über die Person, sondern über das psycho-physische Wesen aus – und auch das nur unter einer falschen Kategorie, nämlich so, dass er es dem Tier angleicht. Die Person entzieht sich dem Eigentumsverhältnis. Person bedeutet, dass ich von keinem anderen gebraucht werden kann, sondern Selbstzweck bin" (Romano Guardini).

Guardini erinnert an die Unverfügbarkeit der menschlichen Person. Sie wird von keiner Machenschaft berührt und dennoch existiert sie mit anderen. Als abgekapselte Monade ist der Mensch nicht existenzfähig. Das „Ich" wird nur über ein „Du" erfahrbar. Die Liebe ist jene paradoxe personale Fähigkeit, in welcher der Mensch außer sich gerät, um zu sich zu kommen. Liebe ist eine Form der Abhängigkeit, die unabhängiger macht.

Die biblische Gerichtsfrage: „Was hast du dem Geringsten meiner Brüder und Schwestern getan?" bringt die Verschränkung von Individualität und Sozialität zur Sprache. Gefragt wird ein Einzelner und die Frage richtet sich auf die soziale Verantwortung. Rechenschaft wird nicht darüber verlangt, was der Mensch für sich, sondern über das, was er für andere gemacht hat. Das Subjekt „Mensch" bestimmt sich im sozialen Prädikat.

Das Geheimnis der Person ist ihre unauflösliche Einheit von Individualität und Sozialität. Personsein bedeutet Selbstständigkeit. Aber die Selbständigkeit ist ursprünglich sozial verankert. Die Sozialität des Menschen ist kein spätes Hinzukommendes. „Der Mensch ist aus innerster Natur ein soziales Wesen, und ohne Beziehung zu den anderen kann er weder leben noch seine Gaben zur Entfaltung bringen (*Gaudium et spes*). Der dialogische Charakter der Person erscheint auch in der Dualität von Mann und Frau. „Und Gott schuf den Menschen nach seinem Bilde, nach dem Bilde Gottes schuf er ihn, als Mann und Frau schuf er sie" (Gen 1,27).

Der Mensch ist auf einzigartige Weise Sozialwesen. Er übertrifft jede herdenmäßige Organisation, denn er ist auf sinnstiftende Ordnungen angewiesen. Ordnung zielt auf ein Ganzes. Das Ganze ist mehr als die Summe von Teilen. Sinnstiftung ist nicht in Alleinhilfe zu machen, so wie Selbstverwirklichung nicht Alleinverwirklichung ist. Jede Ordnung ist auf sozialen Zusammenhang angewiesen. Es war der Fehler des Sozialismus, dass er Befreiung nur als kollektives Ziel sah. Es war der Irrtum der liberalen Emanzipationsbewegung, dass sie Selbstverwirklichung nur individuell verstand.

Von der Wiege bis zu Bahre befinden wir uns in Abhängigkeiten, von denen nicht alle ablösbar sind. Die erste unserer Abhängigkeiten ist die Lebenshilfe, welche die Mutter dem Kind gewährt.

Ordnung entlastet unser Entscheidungsverhalten. Das gilt keineswegs nur im Reich der höchsten Werte, sondern bereits auf dem Boden alltäglicher Entscheidungen. Ohne Straßenverkehrsordnung müsste an jeder Straßenkreuzung eine Überlegung mit anschließender Vereinbarung einsetzen, wer nun Vorfahrt habe. Wir entlasten uns durch soziale Regeln, die wir selbst schaffen. Kein Tier ist zu einer solchen Verständigung fähig. Verständigung ist lebenserhaltende Sozialität.

Solidarität und Subsidiarität entfalten das Personsein des Menschen in seiner sozialen Dimension, welche die Eigenverantwortung stärkt. Subsidiarität gliedert die Solidarität personennah.

Die theologische Anthropologie übertrifft jede empirische Begründung für Individualität oder Sozialität. Die Empirie liefert Material, aber keine verlässlichen Normen. Zwischen Mensch und Natur klafft die fundamentale Differenz, dass der Mensch Gottes Ebenbild ist. Auch Gott als Person existiert in Beziehungen: er ist Trinität.

Kein Baum, kein Pferd erreicht die Höhe einer personalen Existenz. Deshalb ist das Wesen des Menschen auch nicht mit empirischen Beweisen beschreibbar. Naturwissenschaftliche Anthropologen liefern Hinweise, aber keine Normen. Die Monogamie der Graugänse ist noch keine Ehe und das Menschengemäße ist nicht gleich dem Affengemäßen, selbst wenn es Verhaltensgleichheiten gibt. Der Mensch ist ganz anders. Er ist anders als alles andere auf der Welt.

Das Selbstbewusstsein markiert noch nicht die Grenze zwischen Person und den übrigen Lebewesen. Die Personalität ist nicht von ihrer aktualisierten Befindlichkeit abhängig. Bewusstseinsstörungen zum Beispiel nehmen der Personalität des Menschen nicht ihre Würde. Die Person Mensch bleibt Person, auch als Bewusstloser, Schlafender, Betrunkener.

Personalität erfordert die moralische Anerkennung unabhängig von der Fähigkeit zum Selbstbewusstsein des Menschen, von der zum Beispiel Peter Singer in seinem Buch „Praktische Ethik" (1984) den Schutz des menschlichen Lebens abhängig macht, weshalb er konsequent Ungeborenen und geistig Behinderten keinen Lebensschutz zugesteht. Ohne eine Vorstellung von dem Wesen des Menschen lässt sich keine verlässliche Gerechtigkeitstheorie bilden. Vertragskonzepte und Diskurstheorien sind allesamt Abmachungen, bei denen es auch darauf ankommt, wer sie macht. Wer schließt den Friedensvertrag zwischen Katze und Maus, Fuchs und Gans, zwischen den Starken und den Schwachen? Wer nimmt am herrschaftsfreien Diskurs teil, der zu einem vernunftgeleiteten Konsens führt? Gilt nur die Stimme der jetzt Lebenden, obwohl die „einvernehmlichen" Entscheidungen auch zukünftige Generationen betreffen? Wie sind die, die ihres Verstandes nicht mächtig sind – noch nicht, nicht mehr oder nie –, in die Konsensbildung eingeschlossen? Gerechtigkeit ist kein Recht der Stärkeren. Selbst wenn alle der Euthanasie zustimmen würden: wäre sie deshalb gerechtfertigt? Konsens ist besser als Befehl, aber ohne Verständigung über das Wesen des Menschen, das wir definieren, aber nicht bestimmen können, verliert die Gerechtigkeit ihren Halt.

Die Würde des Menschen, wie sie die christliche Soziallehre verkündet, basiert nicht auf empirischem Beweismaterial. Die Würde des Menschen gründet in seiner Gottebenbildlichkeit. „Indessen geschieht das Menschengemäße nicht wie das Giraffengemäße von Natur aus, das heißt von selbst, sondern es geschieht aus Vernunft und im Gehorsam gegen den Willen Gottes, des Urhebers jener Natur, deren Gesetze wir zu erkennen imstande sind" (Robert Spaemann). Für den großen Verteidiger und Verehrer der Vernunft, Immanuel Kant, ist zu guter Letzt das „Recht der Menschen" eine heilige Gabe Gottes. „Wir haben einen heiligen Regierer, und das, was er den Menschen als heilig gegeben hat, ist das Recht der Menschen."

Alles schön und gut. Ich lese die biblischen Texte wie ein schönes Gedicht: „Gott schuf den Menschen zur Unvergänglichkeit, und als Abbild seines eigenen Wesens machte er ihn" (Weish 2,23), und wie im Hymnus eines alles übertreffenden Enthusiasmus hebt der Psalmist an: „Nur wenig geringer schufst du ihn als einen Gott, mit Lichtglanz und Herrlichkeit kröntest du ihn" (Ps 8,6). Zu schön, um wahr zu sein.

Hat man einmal die verlumpten Kinder auf den dampfenden Abfallhalden Manilas „ihr täglich Brot" suchen sehen, die ängstlichen Augen von Kindern, die zur Prostitution abgerichtet worden sind, den tierischen Vernichtungswillen von traurigen Kindersoldaten, so erscheinen die großen Worte „Personalismus", „Gottebenbildlichkeit", „Krone der Schöpfung", „Lichtglanz und Herrlichkeit" wie Hohn. Und doch:

Exkursion: Pinochet und die Würde des Menschen

Die Idee der Gotteskindschaft aller Menschen ist nicht so kindlich-schwach, wie sie auf gedrucktem Papier bisweilen erscheint. Sie ist von machterschütternder Kraft.

Es ist viele, viele Jahre her, da saß ich Auguste Pinochet in seinem Präsidentenpalast gegenüber. Vor mir in einer prachtvollen, weißen Parade-Uniform mit ordensgeschmückter stolzer Brust saß er auf einem reichverzierten Präsidentenstuhl. Er, machtbewusst, scheinbar unerreichbar, der Menschenverächter. Ich hielt ihm die Folter vor, mit der er Geständnisse von 18 Angeklagten erzwungen hatte, die zum Todesurteil geführt hatten. Ich wusste, wovon ich sprach, denn ich hatte meine Informationen nicht vom Hörensagen. Ich hatte mit der Frau gesprochen, der ihr nacktes Baby auf ihren Bauch gelegt worden war, um glühende Zigaretten solange auf dem Rücken des schreienden Kindes auszudrücken, bis sie die gewünschten Aussagen machte, die zum Todesurteil über ihren Mann führten. Die Folterknechte haben nicht lange warten müssen, bis die Frau sagte, was sie sagen sollte. Schon beim zweiten Versuch gab sie auf …

Pinochet lächelte kalt. Alles prallte an ihm ab. „Es sind doch Kommunisten …", sagte er zynisch. „Auch Kommunisten sind Menschen", war meine hilflose Antwort. Es ging weiter. Die Zankerei schien ihn bisweilen zu amüsieren, dann wieder lästig zu werden. Plötzlich schrie er. Schließlich hielt ich ihm das Schicksal von Carmen Gloria Quintana vor. Sie war von Pinochets Schergen nach einer illegalen Protestaktion mit Benzin übergossen, angezündet und „abgefackelt" worden. Ich habe sie, die kaum noch Erkennbare, im Krankenhaus besucht. Ich kannte den genauen Ablauf des Mordanschlages. „Sie hat sich auf dem Platz vor dem Präsidentenpalais selbst angezündet", zischte schlangenhaft der Diktator. „So, dann müssen Sie auch erklären, wieso sie 16 Kilometer vor Santiago im Straßengraben gefunden wurde, in den sie gekrabbelt war, nachdem Soldaten sie auf einem verlassenen Feld vom Lastwagen gezogen hatten. „Ist sie dort selbst hingefahren oder wie, Herr Präsident?" Jetzt wurde er wütend, und plötzlich deutete er triumphierend auf ein größeres Kruzifix hinter ihm an der Wand. „Vor dem bete ich jeden Tag". Und dazu machte er ein Gesicht: „Was sagst du nun?" „Der wird Ihnen auch nicht helfen", sagte ich. „Der, vor dem Sie, Herr Präsident, beten, kennt nämlich jeden, den Sie umbringen ließen, mit Datum und Uhrzeit und Adresse. Er wird Sie nach jedem fragen. Es sind alles seine Kinder und keine Präsidenten-Schärpe, kein Orden auf Ihrer Brust oder sonst was wird ihn von der Frage abbringen, die Sie dann beantworten müssen."

Es war still. Der wortgewaltige Machthaber erschien mir plötzlich wie ein Häufchen Elend, und für einen kurzen Augenblick hatte ich sogar den Eindruck, dass er traurig war. Er stand auf, gab mir wortlos die Hand, ging mit mir zur Tür. Dort hatte er sich wieder ein bisschen gefangen. Zum Brüllen allerdings reichte es nicht mehr. Nur zu einer mehr gequälten Bemerkung: „Ausgerechnet ihr Deutschen – Auschwitz!" Von mir auch keine Gegenwehr mehr, sondern ein halbblaues „Gerade deshalb ..."

Es ist mir erst später aufgegangen, dass das einzige Argument, das diesen Eisberg Pinochet erreichte, die Idee von der Gotteskindschaft aller Menschen und der Hinweis auf die unausweichliche Gerechtigkeitsfrage war: „Was hast du dem Geringsten meiner Schwestern und Brüder getan?" Vor Gericht

langt ein ärztliches Attest, das Verhandlungsunfähigkeit be-
stätigt. Vor dem „Letzten Gericht" wird durch kein Attest die
Urteilsverkündung ausgesetzt.

IV. Der Neoliberalismus

1. Der „alte" Neoliberalismus

Der Begriff „Neoliberalismus" wird in zweifachem Sinn verwendet, wobei der „alte" Neoliberalismus mit dem neuen wenig, eigentlich nur den Namen, gemeinsam hat. Der sich aus dem Ordoliberalismus entwickelnde Neoliberalismus schätzte den Wert von Ordnungen. Der „neue" Neoliberalismus benutzt den alten seines guten Namens wegen, um ungestörter seine Programme zu verkünden. In Ordnung ist dabei allein, was Wirtschaftsinteressen dient.

Der neue Neoliberalismus ist eher eine Anleitung für Lobbyisten und ähnliche Interessenvertreter als eine solide Wissenschaft.

Der „alte" Neoliberalismus setzte sich für einen starken Staat ein, der die Wettbewerbsordnung gegen Monopolinteressen schützt.

Der „alte" Neoliberalismus ist der Idee der Liberalität verpflichtet. Liberalität ist eine Weltanschauung und kein Handbuch für Gewinnmaximierung. Der Liberalismus stieß das Tor zur Moderne auf. Gegenüber absolutistischem Fürstenglanz und feudaler Enge kämpfte er für die Freiheit des Einzelnen. Der Liberalismus erstritt die verfassungsgerechten Grundrechte, die im Kern Verteidigungsrechte des Individuums gegen die Willkür der Obrigkeit sind. Unverletzlichkeit der Person, Gedanken- und Meinungsfreiheit sind liberale Errungenschaften. Als wirtschaftlicher Liberalismus zerstörte er die Überreste des Feudalismus und der Zunftwirtschaft, die mit ihren Privilegien, die sie verteilten, die freie Entfaltung des Menschen hemmte.

Im Kern der liberalen Idee steht die Skepsis gegen Macht. Jede Machtzusammenballung wird als Freiheitsbedrohung bekämpft. Der wirtschaftliche Liberalismus sah deshalb im Wettbewerb in Analogie zur demokratischen Gewaltenteilung ein machtverteilendes Prinzip am Werk. Der Wettbewerb ist ein „Entmachtungsinstrument" (Franz Böhm). Das Vertrauen in Markt und Wettbewerb ließen die Liberalen allerdings die Gefahr der Selbstvernichtung des Wettbewerbs übersehen, die von der Marktmacht der großen wirtschaftlichen Kolosse und Konzerne droht. Wettbewerb ist kein Selbstläufer. Keine „unsichtbare Hand" führt zur Harmonie. Der Mensch muss selbst Ordnung schaffen.

Das war die Grunderkenntnis der Neoliberalen, die sich in der „Freiburger Schule" um Walter Eucken und Franz Böhm versammelten oder die aus dem Exil mit den „Freiburgern" konspirierten wie Alexander Rüstow und Wilhelm Röpke.

Es bleibt festzuhalten, dass der liberale Ansatz, den die Freiburger Schule wählte, nicht primär ökonomischer Herkunft war, sondern der Machtproblematik galt.

In Ablehnung der Hitler-Herrschaft hatten Eucken und seine Freunde frühzeitig erkannt, dass die politische Macht und Konzernmacht eine Kulmination von Macht bedeutete, die keine Schlupflöcher ließ. Schließlich war es auch die Großindustrie, die Hitler in den Sattel gehoben hatte.

Dort, wo der Staat auch wirtschaftlich Lenkungsaufgaben übernimmt, werden Bürger und Konsument so fusioniert, dass es kein Entrinnen vor dem Zugriff der Macht mehr gibt. „Das Kommando über die Güterproduktion ist das Kommando über das menschliche Leben schlechthin" (H. Belloc). So wie der mittelalterliche Dualismus von Kaiser und Papst Ausweichmöglichkeiten für den bot, der es mit einer Seite verdorben hatte, so schafft die Trennung von staatlicher und wirtschaftlicher Macht den „Fluchtraum", der die Totalisierung des Zugriffes verhindert.

Die Wirtschaft ist jedoch nicht schon dadurch frei, dass sie staatsfrei ist. Ihr drohen Machtunterwerfungen anderer Art. Eucken setzt sich deshalb vom Begriff der freien Wirtschaft ab. „Woran erkrankte die freie Wirtschaft?", fragte Eucken und antwortete: „Die sogenannte Freie Wirtschaft war vermachtete Wirtschaft. Die Freiheit wurde in ihr auch dazu gebraucht, Kartelle, Trusts und Pools zu bilden, die ihre Märkte beherrschten." So stritt Eucken unerbittlich für eine „Ordnungspolitik", in der Kartelle und Konzerne keinen Platz hatten. Er geriet darüber in Streit mit Ludwig Erhard, weil er dessen Antikartellpolitik für unzureichend gehalten hat. Man darf dabei allerdings nicht unberücksichtigt lassen, dass Erhard selbst mit seiner Kartellgesetzgebung unzufrieden war. Erhard war von Adenauer im entscheidenden Augenblick im Stich gelassen worden, als es galt, die Einwände der Industrie zurückzuweisen.

Walter Eucken würde heute energische ordnungspolitische Einsprüche gegen neue Vermachtungsprozesse erheben, die in der Globalisierung entstehen. Davon hört man allerdings nichts von denen, die den euckenschen Begriff der Ordnungspolitik ständig gebrauchen, wenn sie gegen Sozialpolitik zu Felde ziehen. Die Hauptfrontlinie einer Ordnungspolitik, die sich auf Walter Eucken beruft, richtet sich gegen die neue globale Machtzusammenballung. Der Weltmarkt der Bilder und Informationen wird von sechs Großkonzernen beherrscht. Sie haben ihren Sitz in den USA, Europa und Japan und bestimmen die digitalen Plattformen und kontrollieren den Zugang zu den Satelliten. Fünf strategische Allianzen regeln den Luftverkehr unter sich.

Entschieden kämpften die „alten" Neoliberalen, die sich als „Ordo-Liberale" verstanden, gegen eine „Freie Wirtschaft", die selbstherrlich geworden war. Eucken scheute sich nicht, sie im Zusammenhang mit der sozialistischen Planwirtschaft zu sehen. „Die Lenkungsmethoden der Freien Wirtschaft und der Zentralen Verwaltungswirtschaft sind gescheitert. Das ist das wichtigste Ergebnis der neuesten Wirtschaftsgeschichte. „Kapitalismus und Sozialismus bekämpfen sich in der Doktrin, de facto gehen sie ineinander über. Beide Wirtschaften berühren sich im Übrigen auch in ihrem Aufbau sehr nahe" (Walter Eucken).

Eucken plädierte für einen dritten Weg. Der „dritte Weg" ist also nicht eine Erfindung von „weich" gewordenen Sozialisten, sondern neoliberales Erbgut von der alten Sorte. „Die von uns vertretene Wettbewerbsordnung ist von den beiden genannten Wirtschaftsordnungen (Planwirtschaft und „freie Wirtschaft") gleich weit entfernt" (Walter Eucken).

Eucken und seine Mitstreiter verblieben nicht bei akademischem Höhenflug. Sie mischten sich politisch ein und forderten: „Kartelle, Syndikate usw. sind zu verbieten. Konzerne, Trusts und monopolistische Einzelunternehmen sind zu entflechten und aufzulösen."

Bill Gates wäre nie der Mammutunternehmer geworden, dessen Nettovermögen so viel ausmacht wie das Vermögen der unteren 50 Prozent der amerikanischen Familien, hätten sich die Ideen der „alten" Neoliberalen durchgesetzt. Die „neuen" Neoliberalen sind dagegen die Messdiener der globalen Vermarktung der Wirtschaft.

Rüstow trat für eine geradezu konfiskatorische Erbschaftssteuer ein. Er nahm das marktwirtschaftliche Leistungsprinzip ernster als die heutigen Neoliberalen, die solche Vorschläge als sozialistisch diffamieren.

„Verteilungspolitik", die die neuen Neoliberalen für sozialistisches Teufelszeug halten, ist für Eucken ein eminent wichtiger Teil der Wirtschaftspolitik", genau wie er auch die progressive Einkommenssteuer für die der marktwirtschaftlichen Leistungsgesellschaft entsprechende Steuerform hielt.

Es ist bezeichnend, dass Alfred Müller-Armack, der der von den alten Neoliberalen angestrebten Wirtschaftsordnung den Namen „Soziale Marktwirtschaft" gab, nicht nur Nationalökonom, sondern Religionssoziologe war, dem es auf die philosophische Fundierung der Wirtschaftsordnung ankam.

Er setzte sich für eine „dritte Phase" der Sozialen Marktwirtschaft ein, die einer stärkeren gesellschaftlichen Ordnung gelten sollte. Müller-Armack war ein scharfer Kulturkritiker. „Die heutige gesellschaftliche Lage ist gekennzeichnet durch soziale Auflösung, durch Gespaltenheit sowohl des Individuums wie der Gesellschaft". Diese Sorge teilte er mit Ludwig Erhard.

Der Vater der Sozialen Marktwirtschaft, Ludwig Erhard, entwarf das Programm einer „formierten Gesellschaft", mit dem die zentrifugalen Interessen der pluralistischen Gesellschaft eingefangen und unter Rechtfertigungszwang vor dem allgemeinen Wohl gesetzt werden sollten. Erhard kannte die zerstörerischen Kräfte des Gruppenegoismus, die nicht allein durch Wettbewerb gebändigt werden können. Die „formierte Gesellschaft" sollte nicht von Wirtschaftsinteressen „formiert" werden, sondern von einer Ordnung, die Freiheit und Gemeinwohl zur Synthese zu bringen sucht.

Die „alten" Neoliberalen anerkannten den Wert der Ordnung, wie Wilhelm Röpke in seinem Werk „Jenseits von Angebot und Nachfrage" schreibt: „Die Marktwirtschaft ist nicht alles. Sie muss in eine höhere Gesamtordnung eingebettet werden, die nicht auf Angebot und Nachfrage, freien Preisen und Wettbewerb beruhen kann."

Kritisch unterschied Alexander Rüstow zwischen Licht und Schatten des Liberalismus. „Wirtschaftlichen Aufschwung" buchte er auf der Gewinn- und die „Verschärfung der sozialen und politischen Gegensätze" auf der Verlustseite ab. „Je länger, desto mehr tritt dieser Verlust gegenüber jenem Gewinn so sehr in den Vordergrund, dass das Experiment des Liberalismus als ein katastrophaler Fehlschlag empfunden wurde" (Alexander Rüstow). Rüstow sprach von einer „Geltungsgrenze der Konkurrenzharmonie, die vom historischen Liberalismus in der Theorie übersehen und in der Praxis überschritten wurde". In dieser Grenzüberschreitung lag für ihn „die wesentliche Ursache jenes katastrophalen Scheiterns". Er plädierte für eine „Vitalpolitik", die nicht lediglich auf Rivalität und Wettbewerb ausgerichtet ist. In dieser „Vitalpolitik" sollen alle Faktoren in Betracht gezogen werden, „von denen in Wirklichkeit Glück, Wohlbefinden und Zufriedenheit des Menschen abhängen".

Das marktwirtschaftliche System ist im Verständnis der „alten Neoliberalen" von einer Gesamtordnung getragen, die dem Markt den Rahmen gibt. Rüstow betont, „dass der Marktrand, der Marktrahmen, das eigentliche Gebiet des Menschlichen ist, hundert Mal wichtiger als der Markt selbst. Der Markt hat lediglich eine dienende Funktion. Der Markt ist ein Mittel zum Zweck, ist kein Selbstzweck, während der Rand eine Menge Dinge umfasst, die Selbstzwecke sind, die menschliche Eigenwerte sind." Die alten Neoliberalen hatten eine festgelegte Wertehierarchie, in der die ideellen Werte vor den materiellen rangierten und der Markt auf der Ebene der Mittel platziert war. Die Nachfolger, die sich den Begriff „neoliberal" unter den Nagel gerissen haben, haben Zweck und Mittel vertauscht und aus dem Markt eine geradezu metaphysische Instanz gemacht.

Wilhelm Röpke resümiert in *Civitas humana* kritisch: „Es war der Kardinalfehler des alten liberalen kapitalistischen Denkens und Handelns gewesen, die Marktwirtschaft als einen in sich ruhenden und automatisch abschnurrenden Prozess zu betrachten. Man hatte übersehen, dass die Marktwirtschaft nur einen engen Bezirk des gesellschaftlichen Lebens ausmacht, der von einem weiteren umrahmt und gehalten wird: einem Außenbild, in dem die Menschen nicht mehr Gewerkschaftsmitglieder, Aktionäre, Sparer und Investoren, sondern ganz einfach Menschen sind, die nicht vom Brot allein leben."

Die Wirtschaft hat ihren Sitz im Leben. Leben aber ist mehr als Wirtschaft. Die „alten" Neoliberalen hätten nie damit gerechnet, dass der Neoliberalismus sich zu einem Paläoliberalismus zurückwenden könnte, von dem sie – die „alten" Neoliberalen – sich gerade abgestoßen hatten.

2. Der „neue" Neoliberalismus

Von allem, was bei den „alten Neoliberalen" in Achtung und Ansehen stand, ist bei den „neuen" wenig bis nichts zu hören. Der alte Liberalismus war eine gesellschaftliche Idee. Der neue Liberalismus ist zu einer Geschäftsidee verkommen.

Freiheit ist das liberale Fundamentalprogramm, Profit der Gott der Neoliberalen. Was ist eigentlich das erzählbare Programm der Neoliberalen?

Was ist, wenn der Zeitgeist keine gemeinsamen „großen Erzählungen" (Jean François Lyotard) mehr hat und nur noch aphoristisch stammelt – mal dies, mal das: Hauptsache, originell? Was originell ist, ist neu. Dann fehlt eine Plattform der Verständigung.

Gemeinsamkeiten lösen sich auf, Gesellschaft wird atomisiert. Alles Dauerhafte ist veraltet. Moral ist eine befristete Verabredung. Strukturen sind vorübergehende Kondensierungen, die verdampfen wie der Regentropfen unter dem Sonnenstrahl. Dynamik, die bisher als Mittel zum Zweck galt, wird Selbstzweck. Alles muss neu werden, und wenn es neu ist, dem Neuesten Platz machen. Es geht nur noch um die Bewältigung technischer Fortschrittsprobleme, nicht mehr um Fortschrittsideen oder -ziele.

Die Welt ist in Gefahr, aus den Fugen zu geraten. Alles Feste und Beständige löst sich auf, Institutionen verlieren ihren Halt. Grenzen verschwinden. Liberalisierung versteht sich als Entfesselung, Globalisierung als Entgrenzung. Deregulierung erfasst alle Lebensbereiche. Institutionen werden eingeebnet, Strukturen zerfallen. So ist es kein Wunder, dass nach einem UN-Bericht 95 Prozent der untersuchten „Reformen" der 1990er Jahre Deregulierungen waren. Die Neoliberalen im IWF führen offenbar eine Strichliste, wie viele Gesetze sie monatlich auf der Welt abschießen bzw. abschießen lassen. Ländern, die sich nicht an ihre Empfehlungen hielten, wie beispielsweise in Südostasien, kamen allerdings besser durch die Krise mit selbstgemachten neuen Regeln als lateinamerikanische Musterschüler mit einer aufoktroyierten Deregulierung.

Wer jedwede Bindung beseitigt und jede Grenze einebnet, verliert jedwede Ordnung. Für Anaximander, einen der ältesten Philosophen des Abendlandes, entstand alles, was ist, durch Begrenzung des Unbegrenzten *(apeiron)*. „Grenze ist hiernach die Lizenz für Existenz" (Wolfram Hogrebe). Ohne Schlagbaum einer Ordnung wäre das Chaos grenzenlos.

Grenzsetzung beginnt bereits in unserem Erkenntnisvermögen. Ohne Begrenzung keine Vorstellung und ohne Grenze kein Begriff. Definieren ist Grenzziehung. *Genus proximum* und *differentia specifica* markieren die doppelte Grenzbefestigung des Begriffes.

Politisches Handeln ist begrenztes Handeln. Alles zu wollen, ist nichts zukönnen. Handeln setzt Auswahl voraus, also auch Ausschluss durch Begrenzung. Wer auswählt, bedarf eines Maßstabs, der Wichtigeres vom Wichtigen unterscheidet, zu guter Letzt das Wichtigste vom Wichtigeren; das Bessere vom Schlechteren. Ohne ein Ziel gibt es allerdings kein Besseres oder Schlechteres. Ziel ist eine Grenze.

Dem „neuen" Neoliberalismus kommt alles in die Quere, was Wirtschaft und Wachstum begrenzt. Der Neoliberalismus ist im Kern nichts anderes als eine Ideologie der Grenzenlosigkeit.

Globalisierung ist das Spielfeld und Deregulierung die Lieblingsaufgabe des Neoliberalismus. Globalisierung und Deregulierung ebnen Grenzen und Regeln ein. Regeln setzen dem Handeln Grenzen. Regeln und Grenzen sind institutionelle Geschwister.

Wenn alle Institutionen der „neuen" neoliberalen Trinität – Deregulierung, Wettbewerb und Kostensenkung – untergeordnet werden, wer gibt dann noch Institutionen Platz, die dem Menschen Halt geben? Gibt es überhaupt noch Widerstände gegen Rendite und Profit? Ist Gerechtigkeit nur noch eine Bilanzgröße?

Der „neue" Neoliberalismus ist eine Kulturrevolution. Wie Mao und seine Jünger räumen die neuen Neoliberalen alles ab: Traditionen, Konventionen, Werte. Ihre Hauptbeschäftigung ist „Deregulierung". Die neuen Neoliberalen sind die in den Untergrund abgetauchten Maoisten, die an deutschen Lehrstühlen wieder aufgetaucht sind. Wie ihr geheimer Lehrmeister Mao Zedong 1974, so bekämpfen sie drei Jahrzehnte später vier alte Übel:

- alte Kultur
- altes Denken
- alte Sitten
- altes Brauchtum.

„Wir müssen noch über den Wandel hinausgehen und uns mit dem Gedanken vertraut machen, alle Konventionen, auf die wir uns bisher verlassen haben, einfach aufzugeben." Ersetzt man das Wort „Wandel" durch „Revolution", dann erinnert es sehr stark an Mao oder seine Jünger. Doch es ist die Empfehlung des neoliberalen Tom Peters, Erfinder des Begriffs „Ich-AG", die inzwischen zu Ehren der Altäre unseres Arbeitsmarktes gekommen ist.

Die neue liberale Heilslehre wird von einem tiefsitzenden Ressentiment gegen alles Institutionelle gespeist. Ihr antistaatlicher Affekt macht anfällig für einfache Parolen, zu denen die Banalität des Slogans „weniger Staat – mehr Wachstum" gehört. Tatsächlich aber zählen Staaten mit relativ hohem Staatsanteil, wie beispielsweise China und Indien, zu den stark wachsenden Volkswirtschaften und zu den Wachstumslokomotiven in der globalisierten Wirtschaft. In Europa zählen Schweden, Dänemark und Frankreich mit hohem Staatsanteil zu den Ländern mit dem höchsten Wachstum. Es zeigt sich auch hier: Blinder ideologischer Eifer schadet nur.

Der Bourgeoise feiert Wiederauferstehung. Francis Fukuyama, der Mann, der nach dem Zusammenbruch des Sozialismus mit dem Sieg von Kapitalismus und Demokratie das „Ende der Geschichte" eingetreten sah, beschreibt den reanimierten Bourgeois so: „Der Begriff bezeichnet eine menschliche Existenz, die sich nahezu ausschließlich ihrer eigenen, unmittelbaren Selbsterhaltung und materiellen Wohlfahrt widmet und nur insoweit an der sie umgebenden Gemeinschaft interessiert ist, als die Gemeinschaft ihr privates Wohl fordert oder es als Mittel zu diesem Zweck dient" (Francis Fukuyama, Das Ende der Geschichte).

Ist der hedonistische Autist das letzte Wort der Geschichte? Gar der letzte Mensch? Dann allerdings gibt es für die Gerechtigkeit nichts mehr zu schaffen.

Gerechtigkeit schafft Ordnung. Sie setzt der Freiheit Grenzen und bewahrt sie vor Selbstmord. Die vertrackte Frage stellt sich sogar, ob Wirtschaft überhaupt ohne eine Ordnung funktioniert, die jenseits der Wirtschaft ihr Fundament hat. Die „alten" Neoliberalen beantworten diese Frage mit einem klaren „Nein". Die „neuen" Neoliberalen stellen sich diese Frage gar nicht mehr. Ihr Erzvater Friedrich A. von Hayek hielt die Gerechtigkeit sogar für eine „Bedeutungsschimäre" und ein „semantisches Irrlicht". Er mobilisierte seinen ganzen sprachlichen Einfallsreichtum, um Gerechtigkeit als Phantom erscheinen zu lassen.

Der „neue" Neoliberalismus gibt sich flott und modern, doch unter seinem Nadelstreifenanzug steckt das Fell des Neandertalers, und sein Aktenköfferchen ist das Behältnis für die Steinaxt.

Der radikale Liberalismus erhofft die Lösung aller Konflikte vom ungebundenen, freien Spiel der Kräfte: *laissez faire – laissez aller*. Es ist unbestreitbar, dass die Marktwirtschaft den Knappheitsgrad der Güter besser mit Hilfe des Preissystems anzeigen kann, als eine zentral verwaltete Wirtschaft mit Produktionsvorgaben dazu in der Lage ist. Ota Šik, der große Reformer des Prager Frühlings, hat dies an dem Beispiel der Schraubenproduktion erläutert. Gibt die Planungsbehörde das Soll der Schraubenproduktion in Stückzahlen an, stellen alle Produzenten kleine Schrauben her. Ist das Produktionsziel in Tonnen angegeben, werden große Schrauben hergestellt – egal, welche Schrauben gebraucht werden. In der Marktwirtschaft macht die Firma bankrott, welche große Schrauben produziert, obwohl der Kunde kleine braucht. In der Planwirtschaft dagegen erhält der Werksleiter einen Orden, wenn er das Schraubenplanziel übertroffen hat, auch wenn seine großen Schrauben rosten, weil zu viele von dieser Sorte plangemäß hergestellt worden waren.

Die Neoliberalen haben aus der nützlichen Regel von der Preissteuerung durch Angebot und Nachfrage jedoch eine metaphysische Hypostase gemacht, die sowohl blind ist gegen die Grenzen dieses Mechanismus wie gegen seine Missbrauchsanfälligkeit. Eucken hat auf die Frage: „Also Freie Wirtschaft?" mit einem glatten „Nein" geantwortet. „Die sogenannte freie Wirtschaft war eine vermarktete Wirtschaft" (Walter Eucken). Freiheit ohne Ordnung war für die „alten Neoliberalen" Anarchie.

Von solchen Skrupeln sind Neoliberale nicht mehr befallen. Ihr yuppihafter Herold Johannes Norberg, naiv wie sein skandinavischer Landsmann und Märchenerzähler Andersen, erzählt in seinem „kapitalistischen Manifest": „Je größer die Einkommen der Menschen sind, desto mehr haben sie getan, um anderen das anzubieten, was sie haben wollen". Da werden die russischen Neu-Milliardäre noch Heilige, vor deren Ikonen die Neu-Verarmten Russlands Kerzen anstecken, wenn ihnen die Evangelien der Neoliberalen verkündet werden.

Die Ölscheichs werden nach dieser neoliberalen Legende zu den Heilsbringern der Welt. Den Armen dieser Erde muss ein Satz wie der des neoliberalen Norberg wie blanker Hohn vorkommen: „Man kann nur verdienen, wenn man dient." Mutter Teresa jedenfalls ist arm geblieben. Der naive Glaube an die alles heilende Kraft des Marktes ist entweder kindlichnaiv oder raffiniert-zynisch. Markt und Wettbewerb sind nützliche Instrumente und besser als Planungsbürokratie. Die Alles-Löser sind sie nicht.

Bei Adam Smith entsprang diese Marktzuversicht aus einem Gottvertrauen, das dessen „unsichtbare Hand" alles zum Besten richte, wenn der Mensch nicht in das Uhrwerk der Schöpfung eingreife, das der Schöpfer gleichsam aufgezogen hat, auf dass es automatisch ablaufe. Menschliche Eingriffe sind störend. Säkularisiert hat sich dieses Gottvertrauen allerdings in dem fatalistischen Glauben, dass die Gesetze der Wirtschaft wie Naturgesetze funktionierten.

Es ist noch gar nicht aufgefallen, dass die viel beschworene Freiheit abhanden käme, wenn die Wirtschaft nach festgelegten Abläufen – und seien es die einer „unsichtbaren Hand" – funktionieren würde, die der Mensch nur ablehnen oder akzeptieren könnte. Freiheit degenerierte dann wie im Marxismus zur Einsicht in die Notwendigkeit. Die vermeintliche Freiheit wird dann gleichsam zum Schleier der Maya, hinter deren Rücken die realen Prozesse ablaufen. Auch für den Marxismus ist Freiheit die Einsicht in die Notwendigkeit. Marxismus und Neoliberalismus haben offenbar mehr gemeinsam, als ihnen lieb ist. Was für den Markt die Produktivkräfte sind, ist für den Neoliberalismus das Gewinninteresse.

Nicht ohne Grund nannte auch Oswald von Nell-Breuning Liberalismus und Sozialismus „Milchbrüder". Und Walter Eucken hielt die Anhänger der „freien Wirtschaft" und der Planwirtschaft für ideologische Verwandte, weshalb er einen „Dritten Weg" vorschlug.

Der Sozialstaat stört die freie Wirtschaft. Deshalb muss er minimiert oder gar eliminiert werden. Ganz so weit – bis zur Ausrottung des Sozialen – gehen die flotten Neoliberalen und die „Initiativen für die Neue Soziale Marktwirtschaft", die den Metallarbeitgebern immerhin 8 Millionen Euro wert war, noch nicht. Ein bisschen Soziales muss schon noch sein. Schließlich soll hierzulande niemand verhungern. Das wäre für den Standort Deutschland ein Image-Schaden. Für die Bedürftigen braucht man den Sozialstaat.

Doch Fürsorge ersetzt nicht Gerechtigkeit. So viel Verbandszeug kann die Fürsorge gar nicht liefern, wie die Ungerechtigkeit Wunden schlägt.

Der alles dominierende Freiheitsbegriff wird durch die Ansprüche der Gerechtigkeit nach neoliberaler Sicht offenbar so bedrängt, dass sie Gerechtigkeit bestenfalls zu einem Beiwerk der Freiheit degenerieren und das Soziale in der Marktwirtschaft zu einem schamhaften Feigenblatt verkommen lassen.

Es wird Mode, den Sozialstaat als Zwangssystem zu diffamieren und als Freiheitsgefahr zu attackieren. Unter den Bedingungen der schrankenlosen Freiheit wäre allerdings auch der Rechtsstaat ein Zwangssystem. Dennoch: noch niemand ist bisher auf die Idee gekommen, den Rechtsstaat als Zwangssystem zu bezeichnen. Beim Sozialstaat aber hat man keine Hemmungen, ihn als Antipoden des freiheitlichen Staates darzustellen. Das macht auf die Asymmetrie aufmerksam, unter der gegenwärtig wirtschafts- und sozialpolitische Diskussionen geführt werden.

Man kann sich des Eindrucks nicht erwehren, dass die Gerechtigkeit zu einem niedlichen Begriff schrumpfen soll, damit die alten Zumutungen der Gerechtigkeit entweder durch Neudefinition oder originelle Platzierungen im Zusammenhang mit anderen Prinzipien entschärft werden sollen. Zwei Beispiele liefern dafür den Anschauungsunterricht für die neoliberale Versuchung.

Die neoliberale Mimikry

In der CDU wurde „neue Verlässlichkeit" als Übersetzung des Gerechtigkeitsbegriffs ausgegeben. Ein andermal war es die „Fairness", durch die Gerechtigkeit definiert werden sollte. Nichts gegen „Verlässlichkeit", aber selbst die Mafia kann verlässlich sein, ohne deshalb schon als eine Institution der Gerechtigkeit akzeptiert zu werden. „Fairness" ziert jeden Menschen. Sie ist eine Zugabe zur Regelbeachtung. Ein fairer Fußballer ist deshalb noch kein „gerechter Sportler" und ein umgänglicher Nachbar ist nicht schon wegen seiner Verträglichkeit „der Gerechte". Fairness ersetzt nicht die Gerechtigkeit. Gerechtigkeit ist ein konfliktträchtiges Prinzip. Es löst Streit aus. Fairness dagegen ist Konfliktdämpfer. Es genügt der Fairness, miteinander gut auszukommen. Die Gerechtigkeit begnügt sich nicht damit, „dass alles gut läuft". Auch das Einverständnis der Mehrheit reicht noch nicht, um als ein Prinzip der Gerechtigkeit anerkannt zu werden. Selbst wenn alle stehlen, bleibt der Diebstahl Unrecht.

Die Gerechtigkeit verliert bei dieser Mimikry an eine allgemeine Beziehungspflege ihre Recht schaffende Kraft. Sie wird zu einer Umgangsform. Auch als dünner Aufguss der Rawls'schen Gerechtigkeitsversion, die mit „Fairness" übersetzt wird, ersetzt sie nicht den christlich-sozialen Gerechtigkeitsbegriff. Gerechtigkeit ist nach christlich-sozialer Vorstellung keine Abmachung zwischen Menschen, sondern normativer Ausdruck der menschlichen Wesensnatur. Fairness als Bestandteil der Rawls'schen Vertragstheorie steht auf einem ganz anderen Blatt als Gerechtigkeit in der christlichen Soziallehre. Ebenso konfus setzt die CDU die neue Grundsatzdiskussion fort.

Über dem ersten Anlauf für einen Entwurf eines neuen Grundsatzprogramms der Christlich Demokratischen Union steht die Generalüberschrift: „Neue Gerechtigkeit durch mehr Freiheit". Das ist eine Aussage von erhabener Banalität. Die Formulierung hat ungefähr den Aussagewert von „Neue Butter durch mehr Milch". Was bei der Butter allerdings mehr eine Geschmacksfrage ist, ist im Zusammenhang mit Freiheit und Gerechtigkeit eine philosophische Schludrigkeit und in jedem Fall abseits der christlichen Soziallehre.

Wer verwirrt denkt, kann nicht klar handeln. „Mehr" und

„Neu" sind Kategorien auf verschiedenen Ebenen. „Mehr" auf der quantitativen und „neu" auf der qualitativen.

Karl Marx und seine Schule gingen zwar vom dialektischen Umschlag der Quantitäten in Qualitäten aus, aber dieser Sprung gelingt im Marxismus nur deshalb, weil im Materialismus keine grundlegende Differenz zwischen Quantität und Qualität besteht. Zu guter Letzt ist alles materieller Natur.

In der Tradition der christlichen Soziallehre allerdings klafft zwischen „mehr" und „neu" eine Differenz, die man auch nicht durch eine Marketingsprache überbrücken kann.

Welche neue Gerechtigkeit soll denn durch mehr Freiheit entstehen? Mehr Freiheit für das Finanzkapital, das die Globalisierung beherrscht, ergibt zwar eine „neue", andere Gerechtigkeit, aber keine, die sich mit dem christlichen Verständnis von Gerechtigkeit harmonisieren lässt. „Mehr Freiheit für Bill Gates", damit er seinen 55 Milliarden Dollar Privatbesitz noch ein paar Dollars hinzufügt und das Drittel seiner Arbeitnehmer, die bei ihm als Aushilfen beschäftigt sind, vielleicht auf die Hälfte erhöht? Ist die Vermehrung dieser Bill-Gates-Freiheit die neue Gerechtigkeit, die hier gemeint ist?

Die Forderungen der Gerechtigkeit an Bill Gates kann auch nicht durch mildtätige Stiftungen abgegolten werden. Gerechtigkeit ist etwas anderes als Almosen geben.

Mehr Freiheit für Herrn Chodorowski oder die 27 neuen Dollar-Milliardäre in Russland, die zu ihrem Reichtum gekommen sind wie die Jungfrau zum Kinde? Mehr Freiheit für die 371 Milliardäre in den Vereinigten Staaten, von denen 358 seit 1982 dazugekommen sind.

Bezeichnet im Zusammenhang mit Freiheit das „Mehr" die Freiheit für mehr Menschen, oder ist eine Ausweitung des Freiheitsbegriffs gemeint oder beides? Welche Freiheit soll es sein? Wenn Freiheit quantitativ betrachtet wird, könnte „mehr" Freiheit bestenfalls verstanden werden als eine Vermehrung der Optionen. Freiheit ist dann lediglich eine Maximierung von Wahlmöglichkeiten. Im Maximum der Wahlfreiheit wird der Idiot zur freiheitlichen Leitfigur, denn er kennt keine Bindungen. Seine Wahlmöglichkeiten sind voraussetzungslos.

In diesem Maximum von mehr Freiheit gibt es keine neue Gerechtigkeit, sondern gar keine mehr. Denn ihrem Wesen nach zieht Gerechtigkeit der Freiheit Grenzen, weil keine Ordnung ohne Beschränkung auskommt.

Die Initiatoren der Düsseldorfer Leitsätze, mit denen die CDU 1949 in den ersten Bundestagswahlkampf zog und die allgemein als das Grundsatzprogramm der Sozialen Marktwirtschaft gelten, hatten jedenfalls ein kritischeres Verhältnis zu einem quantitativen Freiheitsverständnis. Sie sahen in der ungebundenen Freiheit eher eine Gefahr und haben den Freiheitsgewinn nie mit einem „Mehr" beschrieben. „Wer frei sein will, muss sich dem Wettbewerb unterwerfen und darauf verzichten, Macht auf dem Markt zu erstreben. Wer Macht auf dem Markt besitzt, das heißt, wer nicht durch Wettbewerb kontrolliert ist, darf nicht frei sein", heißt es dort.

In der Sozialen Marktwirtschaft ist die Skepsis gegen Machtzusammenballungen eingebaut. Freiheit und Macht sind ein gefährliches Paar. Sie gefährden die Gerechtigkeit. Von solchen Skrupeln sind die neuen Neoliberalen im Unterschied zu den alten nicht mehr befallen.

Machtbalance sichert Freiheit und schafft der Gerechtigkeit Handlungsraum. Sie ist deshalb eine notwendige, aber noch nicht ausreichende Bedingung der Gerechtigkeit. Die liberale Freiheit lässt sich ohne Gerechtigkeit denken, die christlich-soziale Gerechtigkeit jedoch nicht ohne Freiheit. Eine solche Gerechtigkeit wäre eine Form der Unterdrückung. Gerechtigkeit nach christlich-sozialem Verständnis beginnt mit der Anerkennung des Anderen als Anderen. Freiheit als Maximierung der Optionen ohne Obligationen ist die Freiheit der Idioten, die von den Bedingungen ihrer Freiheit nichts wissen.

Die Scholastik verlor ihre visionäre, spekulative Kraft, als sie sich in Begriffssubtilitäten verlor und beispielsweise zu klären versuchte, wie viele Engel auf einer Nadelspitze tanzen könnten. Die terminologischen Verästelungen, in denen sich spätscholastische Begriffsstammbäume verloren, waren eher ein Zeichen von spielerischer Denkfaulheit als Ausdruck von Gedankenschärfe.

Die Begriffsschnitzer sind an vielen Orten unterwegs, um den Gehalt einer Gerechtigkeitsidee zu entschärfen, die das Abendland seit mehr als 2000 Jahren bewegt. Im Impulstext der katholischen Bischöfe „Das Soziale neu denken" von 2004 wimmelt es von technologisch-ökonomischen Neologismen, mit denen das Soziale neu bedacht wird. Von einem „Sozial-TÜV" ist die Rede. Beim TÜV liegt mir die Assoziation „rostiges Auto" nahe, aber nicht ein hilfsbedürftiger Mensch. Ein „Subsidiaritäts-Check" wird empfohlen. Bei Check denke ich an den „Check-In" in der Abflugshalle eines Großflughafens, nicht aber an das Subsidiaritätsprinzip, mit dessen Hilfe der Sozialstaat gegliedert werden soll.

Metaphern verraten oft mehr als sie klarmachen wollen. Der Schröder-Blair-Vorschlag, den Sozialstaat als „Sprungbrett" zu verstehen, offenbart mehr, als den Bilderfindern lieb sein kann. Man stelle sich den Rollstuhlfahrer oder den 80-jährigen Greis auf dem Sprungbrett vor.

Im Impulstext der katholischen Bischöfe wird die sozialstaatliche Lage so dargestellt: Das Soziale „wurde zu einem Anspruch, um eine immer komfortablere Normalität herzustellen". Der Arbeitslose, der 200 Bewerbungen erfolglos geschrieben hat, empfindet seine Lage nicht als „komfortable Normalität". Im Sozialstaat Deutschland ist in den letzten 20 Jahren mehr gekürzt als ausgebaut worden. Wo leben die Verfasser solcher Texte? Allein in der Rentenversicherung wären ohne die Reformen, die zwischen 1982 und 1998 beschlossen worden sind, die durchschnittlichen Rentenansprüche um 30 Prozent höher. Gab es in anderen Bereichen so viel Einschränkungen wie in der Sozialpolitik der letzten 25 Jahre? Die Bischöfe haben in den neoliberalen Werkstätten arbeiten lassen und dürfen sich deshalb nicht wundern, wenn sie mit diesen verwechselt werden. Hans Tietmeyer war federführend. Der ehemalige Bundesbankpräsident arbeitet nicht nur für die Bischöfe, sondern ist gleichzeitig Präsident der „Initiative Neue Soziale Marktwirtschaft", die von den Metall-Arbeitgebern mit viel Geld versorgt wird, um Stimmung gegen den Sozialstaat zu machen. 11 Millionen Menschen in unserem Land sind arm oder von Armut bedroht. 7 Millionen leben auf Sozialhilfeniveau. 5 Millionen haben keine Arbeit und 3 Millionen Haushalte sind überschuldet. „Komfortable Normalität?"

Neue Bischofsworte offenbaren ein neues Denken? Welches? Ein Denken, das der technologisch gemachten Welt der Neuen Neoliberalen angepasst ist!

Wieso eigentlich das Soziale neu denken?

Warum nicht das Neue sozial denken?

Das Schlüsselwort des „bischöflichen Impulstextes" ist die „Eigenverantwortung", von der die Bischöfe die Empfehlung ableiten: „Jeder ist für die Gestaltung seines Lebens zunächst selbst verantwortlich". Das mag einer individualistischen Weltsicht adäquat sein. Für einen christlichen Personalismus ist dieser Satz eine Irrlehre. Der Mensch ist nicht erst Ich, bevor er sozial wird. Er gelangt nur zur „Eigenheit" über das Du und das Wir. Der Mensch fällt nicht vom Himmel und ist erwachsen. Er wird nicht Mensch, ohne Beziehung zu anderen. Die Gesellschaft ist „nicht ein bloßer Haufen von Individuen" (G. W. F. Hegel).

Die Bischöfe fallen mit ihrer Positionsbestimmung hinter die aristotelische Bestimmung des Menschen als *zoon politikon* zurück, auf die sich Thomas von Aquin, der große Soziallehrer der Kirche, immer wieder berief. Aber so ist es, wenn man sich Texte zur Soziallehre u. a. von einem Ex-Bundesbankpräsidenten schreiben lässt, der viel von Zinspolitik etc. versteht, aber offenbar wenig von Thomas von Aquin.

Die Person ist nach christlichem Verständnis in gleicher Weise ursprünglich Individual- wie Sozialwesen. Ich habe im Übrigen noch kein Baby erlebt, das „für die Gestaltung seines Lebens zunächst selbst verantwortlich war". Von der Wiege bis zur Bahre sind wir ins Miteinander verstrickt. Nur über Mitverantwortung erreichen wir die Selbstverantwortung. Der Mensch ist nicht autark und nicht autonom. Sein Selbst ist nicht ein isoliertes Einzelnes.

Wieso eigentlich ist ein Beitrag für die Privatversicherung Ausdruck von Eigenverantwortung, der Beitrag für die Rentenversicherung aber nicht? In beiden Fällen werden durch einen eigenen Beitrag entsprechende Leistungen ausgelöst. In der Sozialversicherung allerdings mit einem eingebauten Solidarausgleich. Steht der risiko-adäquate Beitrag der Privatversicherung, der den Alten, Kranken, Behinderten teuer zu stehen kommt, den Bischöfen etwa näher als der soziale Beitrag der Sozialversicherung? Mit beiden Beiträgen werden Ansprüche ausgelöst. Im einen Fall über den Kapitalmarkt, im anderen über ein Umlagesystem. Oswald von Nell-Breuning hat schon früh auf die moralische Qualität des Umlageverfahrens verwiesen, weil es die Eigenvorsorge an das Maß bindet, mit dem für die Vorgängergeneration gesorgt wurde. Die Eigenvorsorge ist mit der Mitsorge für andere verknüpft. Das ist das „Betriebsgeheimnis" des Umlageverfahrens. Es ist auf Generationen angelegt. Das ist freilich eine andere Sichtweise als die rein ökonomistische des Bischofstextes.

Welches „Eigen" soll das sein, das die Sorge für das eigene Wohl allen anderen vorzieht? Eigenverantwortung für private Anstrengung zu reservieren ist eine ideologische Beschlagnahme, welche die personale Verantwortung beschädigt.

Auf für sie augenscheinlich unübersichtliches Gelände begeben sich die katholischen Bischöfe in ihrem Impulstext, wenn auch sie Anleihen bei der Gerechtigkeitstheorie von John Rawls machen, ihre Quellen jedoch wohlweislich nicht angeben und zudem nur verstümmelt zitieren. Es wird nur das Differenzprinzip zitiert: „Im Zuge von Reformen sind Ungleichheiten immer dann legitimiert, wenn sie zum größten Vorteil der am wenigsten begünstigten Mitgliedern der Gesellschaft sind."

Das Rawls'sche Differenzprinzip ruht aber auf dem Fundament gleicher Grundgüter, die der Bischofstext einfach unterschlägt. Jede Person hat nach Rawls auf das umfassende „System gleicher Grundfreiheiten Anspruch, das mit demselben System von Freiheiten für alle vereinbar ist." Die Grundgüter sind dem Vorteilsvergleich entzogen. Der Vorteilsvergleich, den Rawls vorschlägt, ist zudem mit der Bedingung versehen, dass „Positionen und Ämter" für alle „unter Bedingungen fairer Chancengleichheit offen stehen". Die Verfasser schlachten die Rawls'sche Gerechtigkeitstheorie aus wie die Metzger das Kalb und entnehmen nur das, was neoliberaler Kundschaft nützlich erscheint.

Die Bischöfe versuchen also, nur eine Hälfte der Rawls'schen Gerechtigkeitstheorie in der christlichen Soziallehre unterzubringen, ohne auf die andere hinzuweisen, die auf gleichen Grundgütern für alle besteht. Der Teil, den das Bischofswort verwendet, ist jedoch eine reine Prozessregel und nicht mit der Gerechtigkeitsvorstellung in Übereinstimmung zu bringen, die „jedem das Seine" zuteilt. Das Seine ergibt sich nicht aus einem Vorteilsvergleich. Mit dem Rawls'schen Vorteilsvergleich lassen sich auch Reformen rechtfertigen, bei denen Privilegien erhalten bleiben, solange sich dabei in dieser Veränderung die Lage der Benachteiligten verbessert. Nach dieser Theorie lassen sich Vorsprünge so lange rechtfertigen, wie die Begünstigten etwas von ihrem Vorsprung abgeben, auch wenn sie den Benachteiligten das ihnen Zustehende vorenthalten.

Wer von zehn Bratwürsten zwei an den abgibt, der nur eine hat, begünstigt den Benachteiligten bei dieser Veränderung am stärksten, besitzt aber immer noch acht Bratwürste, der andere drei. Ob 8:3 gerecht ist, sagt das Ergebnis der neuen Verteilung nicht.

Die katholischen Bischöfe Deutschlands versuchen eine neue Gerechtigkeitsdefinition. Neuerdings bevorzugen sie den Begriff der „Beteiligungsgerechtigkeit". Was dieser Gerechtigkeitsbegriff allerdings gegenüber dem traditionellen von Thomas von Aquin verwendeten an Erkenntnisgewinn bringt, ist unklar, denn der alte Gerechtigkeitsbegriff, den schon Platon und Aristoteles bevorzugten und der von Thomas von Aquin „getauft" wurde, bezeichnet immer schon ein Beteiligungsverhältnis. Was soll denn Neues durch das Wort „Beteiligungsgerechtigkeit" bezeichnet werden? Auch der Ratsvorsitzende der EKD, Bischof Wolfgang Huber, beteiligt sich an der wortschöpferischen Auffächerung des Gerechtigkeitsbegriffes. Er ist bereits bei der „Befähigungsgerechtigkeit" angekommen. Betrachtet man die Lohnverhältnisse in kirchlichen Diensten, kommt man auf ganz alte, aber handfeste Ungerechtigkeiten, die gar nicht den sublimen Himmel der „Befähigung" erreichen, sondern plumpe Lohndrückerei, Lohndumping, sind.

Die „alte Gerechtigkeit" ist ein leidig Ding. Sie ist so einfach, das ein jeder versteht, was sie will. „Jedem das Seine". Gleiches gleich, Ungleiches ungleich behandeln. Soll der Gerechtigkeitsbegriff dadurch um seine Nachdenklichkeit und Nachhaltigkeit gebracht werden, dass er mit allem, was gut klingt, verbunden wird: Verlässlichkeit, Fairness, Befähigungsgerechtigkeit ... Dann erfüllt er die Aufgabe des Lamettas am Weihnachtsbaum. Soll Gerechtigkeit die Funktion einer schönen Dekoration einnehmen?

Ist „Umverteilung" das Teufelswort, das durch neuen Wortzauber ausgetrieben werden soll?

Angesichts der wachsenden Kluft zwischen Reich und Arm auf der Welt stehen wir nicht am „Ende der Umverteilung", sondern – wenn es gerecht zugehen soll – erst am Anfang. Damit die Hungernden teilnehmen, müssen die Satten Vorrechte abgeben.

Vom „Ende der Umverteilung" kann unter dem Blickwinkel der Gerechtigkeit bestenfalls nur vom Ende eines im Betrieb befindlichen florierenden Umverteilungsprozess gesprochen werden, der die Reichen reicher und die Armen ärmer macht. Dieser Bereicherungsprozess findet allerdings nicht unter dem Dach der Sozialpolitik statt, auf welche die kritischen Blicke vornehmlich gerichtet sind.

Das durchschnittliche Jahreseinkommen der Hedge-Fonds-Manager stieg beispielsweise im Jahre 2003 von 107 Millionen auf 207 Millionen Dollar. Wo liegt der Skandal der Umverteilung? In der Sozialpolitik oder in der Wirtschaft? Eine Spitzenkraft unter Hedgefonds-Managern, James Simons, brachte es im Jahr 2006 auf 1,5 Milliarden Dollar Jahreseinkommen. Die Neurreichen spielen Sonnenkönig. Kenneth Griffin heiratet im Schloss von Versailles. Steven Cohen legt sich mal nebenbei eine Kunstsammlung von 400 Millionen Dollar zu. Hierzulande streiten wir, ob der Mindestlohn 7 oder 8 Euro betragen soll. Das eine hat mit dem anderen nichts zu tun. „Richtig", sagen die Ökonomen. „Falsch", rufen die, welche die Verteilungsgerechtigkeit für ein Prinzip der proportionalen Angemessenheit halten. Das 500-Fache des Lohnes eines Arbeiters verdient ein „normaler" amerikanischer Spitzenmanager. Da können die deutschen Bosse doch nicht zurückbleiben. Ende der Umverteilung!

Ernst Abbe, ein bedeutender Unternehmer und Mitbegründer von Zeiss-Jena, empfahl einst als Faustregel für das Einkommen seiner Direktoren das Zehnfache eines durchschnittlichen Arbeitnehmerlohnes. Welche idyllische Zeiten im Vergleich zur Habgier heutiger Bosse.

10 Prozent der Bevölkerung besitzt in Deutschland knapp 47 Prozent des Vermögens, und 50 Prozent kommt mit rund 3,8 Prozent des Vermögens in Deutschland aus. Ist das leistungsgerecht?

Es ist die Leistungsgerechtigkeit, eine Form der Tauschgerechtigkeit, welche mehr Umverteilung fordern muss. Es muss noch viel umverteilt werden, wenn die Leistungsgerechtigkeit nicht ein Waisenkind bleiben soll. Die Verteilungsgerechtigkeit hilft der Leistungsgerechtigkeit auf die Beine.

Die Verteilungsgerechtigkeit hat keineswegs, wie Annette Schavan auf dem Katholikentag in Saarbrücken behauptet hat, in den vergangenen Jahrzehnten „im Mittelpunkt der Gerechtigkeitsdebatte" gestanden. Wäre es so gewesen, müsste die Verteilung des Vermögens in Deutschland und der Welt anders aussehen. Und falsch ist es ebenso, wenn Schavan von dieser Verteilungsgerechtigkeit sagt: „Der Maßstab war ein Höchstmaß an Gleichheit, das Ziel war zuoberst eine Umverteilung zugunsten der Schwächeren". Das stimmt weder praktisch noch theoretisch. Das System der sozialen Sicherheit in Deutschland enthält als tragendes Element die dem Äquivalenzprinzip entsprechende Leistungsgerechtigkeit. Leistung ist an Vorleistung gebunden. Rente wird für und entsprechend dem Beitrag gezahlt. Das gilt auch für das Arbeitslosengeld. Eher entspricht eine steuerfinanzierte Mindestsicherung dem Gleichheitsprinzip, insofern sie auf gleiche Grundsicherung setzt. Der Umverteilungseffekt ist jedenfalls interpersonell in solchen Systemen höher als in der Rentenversicherung, in der die intertemporale Umverteilung, nämlich die zwischen Lebensabschnitten, im Vordergrund steht. Und dass die Kopfpauschale in der Krankenversicherung mehr Gleichmacherei bedeutet, dafür muss man nicht Gerechtigkeit studiert haben. Es genügt der gesunde Menschenverstand.

Es wird ohne Unterbrechung umverteilt, ohne dass dies Neoliberale stört. Wenn sich der Tageskurs der Aktien auf den globalen Börsen nur um 1 Prozent ändert, sind rund 400 Milliarden Dollar im Handumdrehen geräuschlos umverteilt. Das ist dreimal so viel, als an diesem Tag alle Arbeiter der Welt als Lohn verdienen.

Wenn die Sozialleistungsquote hierzulande um 1 Prozent steigt, verkünden Neoliberale den Untergang des Abendlandes oder den Ausbruch des Versorgungsstaates, obwohl diese Sozialleistungskurve über Wohlstandsverteilung gar nichts sagt. Sie erhöht sich nämlich auch, wenn die Arbeitslosigkeit steigt, weil die Sozialausgaben dann zunehmen, selbst wenn individuell das Arbeitslosengeld gekürzt wird.

Um 65 Milliarden Euro wird der Staat nach Schätzungen der Caritas durch Steuerhinterziehung jährlich betrogen. Durch Sozialhilfemissbrauch nur um 120 Millionen Euro. Die öffentliche Kritik an diesen beiden Missständen verhält sich allerdings proportional umgekehrt zu den beiden Zahlen.

Zwei Veränderungen haben den Widerstand gegen den individualistischen Neoliberalismus geschwächt: zum einen die Erosion der Familie und zum anderen die Ohnmacht der Gewerkschaften. Der Familienzusammenhalt wurde zwischen ideologischem Individualismus und wirtschaftlicher Mobilität zerrieben. Die Familie ist eine der wichtigsten Agenturen der Selbstorganisation des Lebens. Die Akteure der Französischen Revolution wie die Befehlshaber der Sowjetunion wollten sie gleich zu Beginn ihres Regimes aus dem Weg räumen, weil sie deren Durchgriffsmöglichkeiten auf die Seele des Menschen behinderten. „Das Ende der Familie lähmt die Gegenkräfte" (Theodor W. Adorno).

Die Schwächung der Gewerkschaften mindert das Gegengewicht gegen die Kapitalinteressen. Gewerkschaften sind als Gegenmacht Teil einer freiheitlichen Ordnung der Machtverteilung. Die Zerstörung der Tarifautonomie hinterlässt als Erbe nur Verstaatlichung oder ein wild gewordenes Spiel der freien Kräfte. „Der Weg zur Hölle ist mit guten Vorsätzen „gepflastert", weiß der Volksmund. Blinder Eifer verkehrt Absichten oft in ihr Gegenteil. Die Abwertung des Tarifvertrags befördert staatliche Mindestlohngesetzgebung. Die auszogen mit dem lautstarken Ruf: „Weniger Staat", kehren kleinlaut mit mehr gesetzlicher Regelung zurück. Absicht und Ergebnis stehen in proportional umgekehrtem Verhältnis.

Wo ist die christliche Sozialbewegung? Schon vor Jahrzehnten stellte Oswald von Nell-Breuning die Frage: „Ist der soziale Katholizismus eines sanften Todes entschlafen?".

Vielleicht ereignet sich die Reanimation der christlichen Sozialbewegung in anderen Erdteilen. Europa ist nicht mehr der Nabel der christlichen Welt. Vielleicht ereignet sich in Lateinamerika ein neuer Aufbruch, und die „Kettelers" oder „Kolpings" des 21. Jahrhunderts treten unter anderem Namen auf.

V. Die Verwirtschaftung des Lebens

Wir haben es mit einer Wirtschaft zu tun, die sich anschickt, totalitär zu werden, weil sie alles unter den Befehl einer ökonomischen Ratio zu zwingen sucht. Das jedoch ist eine verkrüppelte Ratio.

Aus Marktwirtschaft soll Marktgesellschaft werden. Das ist der neue Imperialismus. Er erobert nicht mehr Gebiete, sondern macht sich auf, Hirn und Herz der Menschen einzunehmen. Sein Besatzungsregime verzichtet auf körperliche Gewalt und besetzt die Zentralen der Innensteuerung des Menschen.

Die Sprache verrät das neue Denken. „Standort" war früher eine Position – sei es geografisch oder weltanschaulich – heute nur eine Kostenstelle, mehr nicht, bar jeden kulturellen, religiösen, familiären Kontextes. In der Standortdebatte geht es um Kosten, um sonst nichts. Aus der menschlichen Person wird eine „Ich-AG", aus Bildung „Humankapital". Was sich nicht in ökonomischer Terminologie ausdrücken lässt, gibt es nicht mehr. „Der Wille des Marktes geschehe", so lautet die pseudo-theologische Quintessenz von Tom Peters. „Das Leitbild der Zukunft ist das Individuum als Unternehmer seiner Arbeitskraft und seiner Daseinsvorsorge", orakelte die Zukunftskommission der Freistaaten Bayern und Sachsen. Welches Unikum soll denn dieser unglückliche Mensch sein, der nur noch sein Selbstmanagement im Kopf hat? An die Stelle des Descartes'schen *cogito ergo sum* („ich denke, also bin ich") tritt das neoliberale: „Ich suche meinen Vorteil, also bin ich." Der Mensch wird sich nur noch als Nutznießer seiner selbst gewiss.

„Was ist der Nutzen des Nutzens?", fragte Gotthold Ephraim Lessing. Aufklärerische Ratio gibt sich nicht mit scheinbaren Selbstverständlichkeiten zufrieden. Sie fragt nach den vernünftigen Gründen unseres Handelns. So viel Kraft zur Reflexion bringt der *homo oeconomicus* nicht mehr auf. Er beugt sich nicht nachdenkend über sich selbst zurück, sondern nur noch vorwärts übers Geld.

1. Homo oeconomicus

Der verwirtschaftete Mensch ist die Leitfigur der Welt. Er ist der Bannerträger der globalisierten Wirtschaft. Die Rendite ist die Wegzehrung eines neuen Glaubens, der mit dem Versprechen des ewigen Reichtums lockt.

Wirtschaft erobert den Menschen bis in seine geheimsten Winkel. Geld ist, was zählt. Geld regiert die Welt. „Drücken Sie das bitte einmal in bar aus". Das sei sein Ordnungsruf, wenn wortreiche Managementkonferenzen aus dem Ruder laufen, brüstete sich jüngst in einem Bonner Vortrag über „Führung im Unternehmen" der Post-Boss Klaus Zumwinkel. Was sich nicht in bar ausdrücken lässt, ist nichts, noch nicht einmal nennenswert. Was keinen Preis hat, mit dem lässt sich kein Geschäft machen.

Midas, der König von Phykien, wünschte sich einst von Dionysos, dem Gott der Lust, dass alles, was er berühre, sich in Gold verwandle. Sein Wunsch wurde dem goldgierigen Midas erfüllt. Alles, was der arme Mann berührte, verwandelte sich unter der Hand in Gold. Hätte ihn Dionysos nicht vom Gottesgeschenk seiner Zauberkraft befreit, Midas wäre verhungert und verdurstet.

So ergeht es dem *homo oeconomicus*. Keine Geste der Großzügigkeit, kein Zeichen der Zuneigung ist ihm etwas wert, wenn es sich nicht positiv aufs Geschäft auswirkt. Liebe, Vertrauen, Freude …, alles, alles verwandelt sich in einen Geldwert. Die Menschen werden mit einem Preis versehen. Wer und was nichts kostet, ist nichts wert.

„Im Reich der Zwecke hat alles entweder einen Preis oder eine Würde. Was einen Preis hat, an dessen Stelle kann auch etwas anderes, als Äquivalent, gesetzt werden; was dagegen über allem Preis erhaben ist, mithin kein Äquivalent verstattet, das hat eine Würde" (Immanuel Kant).

Der Liberalismus, einst eine große Gesellschaftsidee, unterwirft alles der „Ratio" des Geldes.

Die Gesellschaft wird nach dem Marktmodell organisiert. Es gilt die Logik des wechselseitigen Vorteilstausches. Aus Achtung und Anerkennung wird Preis und Kalkulation. Welt wird Wirtschaft und Wirtschaft wird Welt.

Geld ist der größte Zauberer in dieser monetaristischen Gesellschaft. Seine Verwandlungskünste sind das letzte magische Überbleibsel in der materialisierten Vorstellungswelt. „Ich bin hässlich, aber ich kann mir die schönste Frau kaufen, also bin ich nicht hässlich ... und meiner Individualität nach bin ich lahm, aber das Geld verschafft mir 24 Füße, also bin ich nicht lahm. Ich bin geistlos, aber das Geld ist der wirkliche Wert aller Dinge. Wie sollte sein Besitzer geistlos sein?", so spottete Karl Marx über die Geld-Prothesen des *homo oeconomicus*.

Der *homo oeconomicus* ist die personale Potenzierung des Materialismus, der sich als flotter Modernismus tarnt.

Der *homo erectus* hatte mehr Kultur als die kapitalistische Kunstfigur *homo oeconomicus*. Unsere eiszeitlichen Vorfahren kannten Riten, Symbole, wahrscheinlich Gesänge.

Die Bilder, die unsere Urahnen an die Höhlenwände malten, beschwörten eine Welt, die unfassbar war. Die Bestattung ihrer Toten folgte einer Ahnung von Transzendenz. Es ist kein Tier bekannt, das sich um das Nachleben seiner Artgenossen kümmert. Die Welt ist für das Tier Umwelt. Eine Nachwelt gehört nicht dazu.

Die Sehnsucht nach Schönem brachte nicht lediglich das Balzverhalten hervor, das dem generativen Fortbestand diente, sondern folgte dem ersten zarten Bedürfnis nach „zwecklosem Wohlgefallen". Die Sprache der Primitiven war zwar einfach, bezweckte aber keineswegs nur den Signalaustausch im Lebenskampf. Mit der Sprache bändigte und formte der Mensch seine Emotionen, Träume und Phantasien. Die Sprache entstand aus einem Überschuss, den die Nützlichkeit nicht ausschöpfen kann. Sprache war von Anfang an nicht auf Information beschränkt.

Bereits unsere Eiszeitvorfahren hatten die Fesseln eines platten Materialismus reduziert.

Das Notdürftige beherrschten die Vorfahren der Menschen schon, als sie noch Tiere waren. Arbeiten, sogar kunstvoll, können auch Bienen. Gemeinschaften organisieren auch die Termiten. Aber Spielen, nämlich Handeln ohne den Zweck der Lebenserhaltung, kann nur der Mensch.

Beten kann auch nur der Mensch. Der *homo religiosus* und sein Bruder, der *homo ludens*, ist älter als sein verknöcherter Nachfahre, der *homo faber*.

Dass wir die Menschwerdung der Affen mit dem Zeitpunkt datieren, da er Werkzeuge gebrauchte, ist eine archäologische Falle. Von der Erfindung der Sprache befinden sich keine Relikte in den archäologischen Fundstellen. Die Projekte des Geistes hinterlassen nämlich keine greifbaren Spuren, vergleichbar den Steinbeilen, die wir in den Gräbern gefunden haben. Ein Lied verweht im Nu und wird vergessen; ein Speer bleibt über tausend Jahre liegen.

Der neurotische Zwangsrechner

Der *homo oeconomicus* ist die letzte Stufe der Degeneration des *homo sapiens*. Von seiner Weisheit ist nur noch die Fähigkeit zur Kalkulation seiner Interessen übrig geblieben.

Der *homo oeconomicus* verwandelt alles, auch Kultur, in Geschäft. Sponsoring dient dem Absatz. Kultur ist Instrument der Werbung. Der Herr Vorstandsvorsitzende kommt nach

Bayreuth des Geschäftes wegen. Man muss gesehen werden, wenn man im Geschäft bleiben will.

Das Weltbild des *homo oeconomicus* ist materialistisch. Die Frohe Botschaft des *homo oeconomicus* sind Zahlen. Der *homo oeconomicus* begreift die Welt in Rechnungsgrößen. Was sich nicht rechnen lässt, gibt es nicht.

Der *homo oeconomicus* ist bei Licht betrachtet ein *homo calculator*. Seine Hauptbeschäftigung ist die Abwägung von Vor- und Nachteilen seiner Handlungen. Er verbringt sein Leben mit der Kosten-Nutzen-Analyse. Alles wird zuerst daraufhin überprüft, was sich aus der Sache herausholen lässt. Dafür setzt der *homo calculator* viel Zeit und Kraft ein. Seine zwanghafte Rechenhaftigkeit setzt schon bei der Verrichtung alltäglicher Aufgaben ein.

Bevor er eine Bahnfahrt unternimmt, studiert er die Bahntarife, um den kostengünstigsten herauszufinden. Das kostet viel Zeit. Zeit für was? Zeit für Kalkulation.

Keine Urlaubsreise wird er unternehmen, ohne das Angebot herausgefunden zu haben, in dem das Preis-Leistungs-Verhältnis am günstigsten ist. Das kostet viel Zeit. Zeit für was? Zeit für Kalkulation.

Im Internet sucht er die Schnäppchen, denn kein Kauf ohne intensive Preisvergleiche. Das kostet viel Zeit. Zeit für was? Zeit für Kalkulation. Keiner und nichts scheint mehr unfähig und ungeeignet zur Kalkulation. Selbst lachen wird der *homo oeconomicus* nicht als Ausdruck von Spaß, sondern nur, weil Lachen gesund ist.

Der *homo oeconomicus* ist ständig in Betrieb und immer auf der Hut, dass ihm kein Vorteil entgeht. Partner sucht er im Risikovergleich und nur noch lebensabschnittsweise aus. So verpasst er keine Chance, zu einem besseren Angebot zu wechseln, falls ein solches auftaucht. Das kostet viel Zeit. Zeit für was? Zeit zum Wechseln!

Karl Rahner ruft dagegen jene Erfahrungen des Menschen in Erinnerung, die zu seinen glücklichsten gehören: „zu lieben, ohne Lohn; zu vertrauen, ohne Rückversicherung, zu wagen, wo einem scheinbar nur ein sinnloses Abenteuer zugemutet wird, das sich nie rentieren kann."

Die Logik des *do ut des* („ich gebe, damit du gibst") versperrt den Weg zu dieser Glückserfahrung.

Banause: Der Globalplayer mit dem kleinen Horizont

Der *homo oeconomicus* hat einen kleinen Horizont. Damit gleicht er dem Banausen. Jenseits von Angebot und Nachfrage ist die Welt zu Ende. Doch hat er sich in seiner kleinen Welt so eingerichtet, dass er sich durch „Hochrechnung" in einer großen wähnt. Seine autistische Anlage versperrt ihm den Kontakt mit dem „Rest der Menschheit", der dummerweise auch noch die Mehrheit der Menschen ist. So hat er nie kapiert, dass anderswo die anderen anders leben als er.

Zwei Drittel der Menschheit hat noch nie telefoniert. 60 Prozent haben keinen Strom. Nur 15 Prozent kennen das Internet, und die wohnen größtenteils in seiner Nachbarschaft. 75 Prozent des Welthandels liegen in den Händen von 22 Ländern. So global ist die Welt noch lange nicht, wie Globalisierungsfetischisten vortäuschen. Die Auslandsreisen konzentrieren sich auf sechs Großräume und 50 Städte. Vier Fünftel aller Inselurlauber sonnen sich auf zwölf Inseln. Die Globalisierung ist das exklusive Spiel einer privilegierten Minderheit, die sich für die Menschheit hält.

Weil er von sich auf alle anderen schließt, bietet er auch nur Lösungen für globale Probleme an, die ihm, aber nicht den anderen (der Mehrheit!) helfen. Das ist nicht böser Wille, sondern nur Ergebnis seiner mentalen Überheblichkeit. Er entwirft Welthandelsabkommen in bester Absicht, die jedoch jene gar nicht erreichen, denen er helfen will oder zu helfen vorgibt. In Tansania sind nur 2 Prozent aller Firmen offiziell registriert. Im Mexiko sind es 6 Prozent. 4 Milliarden Menschen haben keine formale Adresse. Mit wem sollen eigentlich Vereinbarungen unterschrieben werden, wenn noch nicht einmal Anschriften bekannt sind? Die Schattenwirtschaft in den Entwicklungsländern eignet sich nicht zur Vertragspartnerschaft in „Weltabkommen", und doch lebt in diesem „Schattenreich" die Mehrheit der Menschen. In Tansania sind das zum Beispiel 98 Prozent.

Der Peruaner Hernando de Soto, einer der einflussreichsten Ökonomen der Welt, schätzt, dass so nur etwa 10 Prozent aller Firmen der Entwicklungsländer an der Liberalisierung des Weltmarktes teilnehmen können. „Mit den Handelsabkommen eröffnen sie lediglich allen Unternehmen in der Europäischen Union und in den Vereinigten Staaten von Amerika die Möglichkeiten, ihre Produkte in Ländern wie Peru oder Tansania zu verkaufen" (Interview in der „Welt" vom 17.06.2006).

Ghana exportiert Kakao nach Deutschland und erhält dafür Schokolade. Soll ein so gedachtes Modell Vorbild der Globalisierung werden? Rohstoffe gegen Fertigware: Dann bleiben die ärmeren Länder, deren verarbeitete Produkte an Zollschranken stoßen, immer die Verlierer. 75 Prozent des Welthandels wird mit verarbeiteten Produkten gemacht. Indonesien liefert Japan wertvolle Urwaldbäume, aus denen die Japaner Sperrholzplatten machen. Es bleibt den Indonesiern gar nichts anderes übrig, als ihr wertvolles Holz zu verscherbeln, denn mit zollbeschwerten Produkten sind sie nicht konkurrenzfähig.

Produkte der Entwicklungsländer haben geringe Chancen auf dem Weltmarkt, den die reichen Länder unter sich ausmachen. Ohne Arbeit kein Wohlstand. Das Öl der Saudis setzt nur vorübergehend – solange der Vorrat reicht – dieses Wohlstandsgesetz außer Betrieb.

Zeit ist Geld

Der *homo oeconomicus* ist das, was die Säkularisation aller Lebensbereiche vom *homo religiosus* übrig gelassen hat. War für den „frommen Menschen" die irdische Lebenszeit – gemessen an der Ewigkeit – nebensächlich und vergänglich und ein eitles Ding gegenüber einer Heilszeit, die erst für die Zeit nach dem Tod die wahre Erfüllung aller Zeiten versprach, so musste der alleingelassene Mensch – von Gott verlassen, sich selbst überlassen, den Himmel verloren – nun alle seine Kraft auf die Er- bzw. Ausfüllung seiner begrenzten Lebenszeit richten. Wenn die Zeit zwischen Geburt und Tod die einzige Lebenszeit ist, dann wird das Leben von Selbstverwirklichungszwängen überlastet.

In einer Nebenlinie, die, wie Max Weber nachwies, für den Kapitalismus nicht ohne Folgen blieb, drängte der Calvinismus ebenso auf die volle Nutzung der Lebenszeit durch „Arbeit", weil er nur aus dem Erfolg seiner Arbeit die Bestätigung seiner Auserwähltheit erfahren konnte. Lebenserfüllung dient hier dem höheren Zweck der Heilsgewissheit. Arbeiten, nicht konsumieren, sondern investieren, war ein Teil der „innerweltlichen Askese", aus welcher der Kapitalismus entstand.

Die Zeit, als reine Lebenszeit jedenfalls, wird in der Moderne zur Rennstrecke. Der Verlust transzendenter Sicherheit zwingt zu einem permanenten Kampf gegen die Zufälligkeit des Lebens. Die maximale Zeitnutzung durch Arbeit ist der verzweifelte Versuch, sich den Unwägbarkeiten des Lebens zu entziehen. Alles wird Arbeit: Liebe wird zur Beziehungsarbeit, Verlust und Trauer werden „verarbeitet", Geschichte wird Erinnerungsarbeit.

Nicht mehr das benediktinische *ora et labora* („bete und arbeite"), sondern das bürgerliche: „schaffe, schaffe" wird zur Lebensmaxime.

Manche haben sogar in der maximalen Zeitnutzung eine Folge der Erschütterung durch die großen Pestepidemien des

Spätmittelalters gesehen und in der panischen Aktivität einen mentalen Fluchtversuch aus der vom Tod umstellten Welt.

Wie dem auch sei – der *homo oeconomicus* jedenfalls ist in Zeit und Geld vernarrt. „Zeit ist Geld", verkündet Benjamin Franklin.

Dabei bedeutet Schnelligkeit nicht in jedem Falle Zeitgewinn. Die Autobahn beweist es. Je schneller die Autos fahren, umso mehr Unfälle. Je mehr Unfälle, umso mehr Staus. Der durchschnittliche Amerikaner verbringt mit seinem Automobil rund 1500 Stunden im Jahr. Darin ist nicht nur die Fahrzeit eingerechnet, sondern alle Auto-Zeiten, also Reparatur, Service etc. 7500 Meilen überwindet dieser Amerikaner durchschnittlich im Jahr. Weg geteilt durch Zeit ergibt die Geschwindigkeit. Die Durchschnittsgeschwindigkeit beträgt also 5 Meilen. So schnell ist ungefähr auch ein afrikanischer Ochsenkarren. Rechnet man die Stauzeiten im Leben eines deutschen Autofahrers zusammen, dürften sie der Zeit, in der er festsitzt, einer ansehnlichen Gefängnisstrafe gleichkommen. Allerdings unter verschärften Strafbedingungen, weil ohne täglichen Hofgang.

Jeder wird schneller, um zu gewinnen. Aber es ist wie mit den Sitzplätzen im Fußballstadion, wenn alle aufstehen, um besser zu sehen, sieht jeder so viel, wie er gesehen hätte, wenn alle sitzen geblieben wären.

Die moderne Arbeitswelt zeichnet sich durch ein bis dahin unbekanntes Zeitmanagement aus. Adam Smith rechnete vor: Ein Arbeiter stellt pro Tag 10 Stecknadeln her. 10 Arbeiter stellen bei perfekter Zeit- und Arbeitsteilung 48.000 Stecknadeln her. Der Rhythmus des Lebens wird durch die Monotonie einer durchrationalisierten Zeit verdrängt. Die tayloristische Arbeitsorganisation zerlegte die Arbeitsvorgänge in kleinste Teile, um so jede Leerzeit zu eliminieren und jeden Umweg auszusortieren. Unternehmensberater bieten inzwischen ihre Dienste an, mit deren Hilfe jede für den Betriebszweck ungenutzte Zeit aus dem Arbeitsablauf eliminiert wird. Zeitverluste durch logistische Koordinationsdefizite werden beseitigt. Alles muss „just in time" sein. Auch das kleine Schwätzchen fällt dem Kampf gegen Zeitverschwendung zum Opfer. Der *homo oeconomicus* bewirtschaftet die Zeit so total, dass keine freien Zeiten mehr übrig bleiben. Selbst die „Freizeit" steht unter dem Diktat der Arbeit, deren Kraft sie regenerieren soll.

Die tayloristisch geplante und kontrollierte Arbeit war in ein strenges Arbeitskorsett gezwängt. Anfang und Ende der Arbeitszeit folgten auf „Sirengeheul". Die Industriearbeiterschaft wurde nach militärischen Mustern organisiert. Im Gleichschritt Marsch. Stillgestanden! Heraustreten! Das galt für die tägliche wie die Lebensarbeitszeit. Doch die Zeit des Kolonnendrills geht zu Ende.

Wie eine gewaltige Befreiung erscheint vor diesem Hintergrund die flexible Arbeitszeit, deren Rhythmus selbstbestimmt ist und als neue Zeitsouveränität allseits gefeiert wird. Wenn allerdings die starre Zeitregel durch eine Zielangabe des Arbeitsergebnisses ersetzt wird, das den zum „Unternehmer seiner selbst" umfunktionierten Arbeiter in Dauerstress setzt, hat der alte Arbeitsbefehl sich in einen sanften, unausweichlichen Arbeitsdruck verwandelt. Der Imperialismus des Wirtschaftlichen kommt sanft daher und ist maskiert als ständiger Spaß an der Arbeit in fröhlichem Teamwork, wo jeder, der dazu gehört, ständig lächelt. Die Härte der Arbeit maskiert sich als zwangloses Spiel und ist desto erbarmungsloser.

Trotz aller viel gepriesenen Spaß- und Lach-Offensiven nehmen die psychischen Belastungen in diesem Land des Lächelns aber zu, und zwar bis zum psychischen Knock-out. Nach einer Studie der Weltgesundheitsorganisation und des Internationalen Arbeitsamtes leiden allein in Europa 37 Millionen Männer und Frauen an beschäftigungsbedingten Depressionen, was die Wirtschaft jährlich 80 Milliarden Dollar kostet.

Allgegenwärtige Arbeit erreicht den Menschen in all seinen Winkeln und lässt ihm auch kein Versteck mehr. Der Arbeitsplatz ist überall. „Entfernung ist ein Auslaufmodell. Kein Geschäftspartner ist buchstäblich sechs Zehntel einer Sekunde vom anderen entfernt", verkündet Tom Peters.

Wie glücklich waren doch die Benediktinermönche mit ihrer Regel: „Bete und arbeite". Wenn sie Wälder gerodet haben, sangen sie keine gregorianischen Choräle, und wenn sie Choräle sangen, schwangen sie nicht die Axt. Der neue Mensch der New Economy flirtet, lacht, arbeitet, regeneriert, genießt, arbeitet, bildet sich, arbeitet …, arbeitet, alles zur gleichen Zeit, und mit gleicher krampfhafter Intensität.

Die Zeitökonomie, welcher der *homo oeconomicus* folgt, basiert auf einem amputierten Menschenbild, nämlich auf einer Vorstellung, dass der Mensch nur noch wirtschaftlichen Zwecken folgt und allein von diesen motiviert wird. Schon für die Wirtschaft selbst erweist sich dieses Zerrbild des Menschen als Ursache von Fehlinvestitionen, die bekanntlich der Wirtschaft schaden. Die größten Erfindungen wären jedenfalls nie gemacht worden, wenn es nicht zeitvergessene Spinner, Tüftler, verkannte Genies gegeben hätte, die sich überhaupt nicht um die Zeit kümmerten, die sie ihrer Idee „opferten".

Die Erfindung des Buchdrucks, von der Dampfmaschine, Glühbirne, Telegraf, folgten keinem Innovationsplan mit Zeitvorgaben. Den großen Entdeckern erging es ebenso. Sie waren zielversessen, aber zeitvergessen. Christoph Columbus hätte heutzutage wahrscheinlich auf der halben Strecke nach Amerika umkehren müssen, weil er seinen Zeitplan überschritten hatte, mit dem er auf dem Seeweg Indien erreichen wollte. Er fälschte lediglich die Bordbücher, um der Mannschaft die Angst vor dem Ende des Erdkreises zu nehmen. Columbus brauchte allerdings nicht nur mehr Zeit zum Ziel als geschätzt, sondern fand ein anderes Land, nämlich Amerika, das er gar nicht gesucht hatte. Die großen Kathedralen und Dome wären nie erbaut worden, wenn ihre Baumeister den Gesetzen einer ökonomischen Zeit gefolgt wären. Sie hatten den langen Atem, Werke zu beginnen, deren Vollendung sie nie erleben konnten. So wie der Waldbauer Bäume pflanzt, die erst seine Urenkel nutzen konnten.

Keiner von seinen Vorfahren und Verwandten hatte so viel Angst vor der Zeitverschwendung wie der *homo oeconomicus*. Alle Kulturen, von denen wir wissen, kannten Auszeiten. Heilige Zeiten stoppten den Lauf der Dinge oder ließen Zeitzyklen enden und andere neu beginnen. Sabbatzeiten konturierten und stabilisierten das Leben des Menschen und verhinderten so, dass der Zeitenfluss in einem Zeitenbrei mündete.

Es gibt eine Jahrtausende alte Pausenkultur, die ihren je eigenen Rhythmus hatte. Im Mittelalter unterbrachen die Feiertage (bis zu 140 im Jahr) den Jahreskreislauf und schufen somit jene Intervalle, durch welche die Zeit gegliedert war.

Dem *homo oeconomicus* ist alles Umweg, was nicht der maximalen Nutzung der Zeit dient. Noch ist der Sonntag dem Regime der Wirtschaftszeit weitgehend entzogen und wird deshalb als unnützes Brachland eingeschätzt, das umgepflügt und in den grauen Alltag eingeebnet werden soll. Flexibilisierungsfetischisten kämpfen mit einer Verbitterung gegen das Verbot der Sonntagsarbeit, als hänge das Wohl und Wehe des Standortes Deutschland daran. Das Konsumenteninteresse wird vorgeschoben. Als ob einer, der in sechs Tagen seinen Küchenschrank noch nicht gefunden hat, ihn unbedingt am siebten Tag im Möbelgeschäft kaufen müsste.

Den *homo oeconomicus* stört die Sonntagsruhe, weil sie sein Herrschaftsgefühl und -gebiet einengt.

Ökonomie = Astronomie

Der *homo oeconomicus* wurde am Beginn der Neuzeit geboren und von der modernen Ökonomie großgezogen, die stolz darauf ist, „naturwissenschaftlich" zu arbeiten. Deshalb bevorzugt die neue Wirtschaftswissenschaft die mathematische Methode und physikalische Gleichgewichtstheorien. Doch der Mensch ist –

Gott sei Dank – nicht berechenbar. Das Argumentationsniveau der neuen Ökonomen nähert sich vergleichsweise der absurden Behauptung: „Karl liebt Maria 3,7 mal mehr als Erna.

Die Wirtschaftswissenschaft ist zu einem Zweig der Naturwissenschaft degeneriert. Sie erklärt den Wirtschaftskreislauf wie die Astronomen die Umlaufbahn der Planeten. Alles Denken und Handeln kreist um den Eigennutz. Der amerikanische Ökonom Cary S. Becker erhielt 1992 sogar den Nobelpreis mit der ausdrücklichen Begründung: „für seine Verdienste um die Ausdehnung der mikroökonomischen Theorie auf einen breiten Bereich menschlichen Verhaltens". Becker erklärt tatsächlich die ökonomische Theorie zum grundlegenden Muster menschlichen Verhaltens. „Der Kern meines Arguments ist, dass das menschliche Verhalten nicht schizophren ist, einmal auf Maximierung ausgerichtet, einmal nicht. Alles menschliche Verhalten kann vielmehr so betrachtet werden, als hätte man es mit Akteuren zu tun, die ihren Nutzen, bezogen auf ein stabiles Präferenzsystem, maximieren und sich in verschiedenen Märkten eine stabile Ausstattung an Information und anderen Fakten schaffen." Die Anthropologie wird so zur Ökonomie und der *homo sapiens* zum *homo oeconomicus*.

Wie gut, dass Goethe seinen Faust geschrieben, Beethoven die 9. Symphonie komponiert und Leonardo da Vinci die Mona Lisa schon gemalt hatte, bevor der *homo oeconomicus* zum Prototyp der Humanität ausgerufen worden war.

Ludwig Erhard jedenfalls hielt von der naturwissenschaftlich-mathematischen Volkswirtschaftslehre wenig. Die bedeutendste Volkswirtschaftslehrer von Adam Smith bis Amartya Sen waren mehr Philosophen als Zahlenjongleure: Mit neoliberalen Marktschreiern hatten Erhard und Müller-Armack, Rüstow, Röpke und Eucken wenig Gemeinsames.

Der *homo oeconomicus* ist eine Karikatur des wirklichen Menschen. Deshalb wird eine Wirtschaftsordnung, die ihn zum Leitbild erklärt, nicht überleben. Die Kulturen der Erde werden ihn abschütteln.

Der islamische Fundamentalismus ist die erste, völlig fehlgeleitete, weil brutale Antwort auf den materialistischen Neoliberalismus. Nachschub des religiösen Fundamentalismus kommt keineswegs aus den Armenvierteln, Favelas, Slums, wie man vermuten könnte, wenn man im Fundamentalismus nur ein Armutsproblem sieht, sondern wird eher gespeist von einer auf Universitäten ausgebildeten Intelligenz, die vom westlichen Zivilisationsprojekt des Mehr, Höher, Schneller, Weiter eher abgestoßen als angelockt sind. Der Marxismus kann ebenso wenig diesen Fundamentalismus heilen wie der Kapitalismus, denn beide sind Fleisch vom Fleisch des Materialismus. Ohne dass die Dreieinigkeit von Finanzkapital, Wissenschaft und Technik gebrochen wird, verliert der *homo sapiens* die Auseinandersetzung mit dem Fundamentalismus und dem Materialismus. Mit dem *homo oeconomicus* ist keine Gerechtigkeit zu machen. Er hat nur Sinn für Vorteile.

In der Todesanzeige des *homo oeconomicus* steht: „Geboren und gestorben, irgendwo, irgendwann im Nirgendwo. Zwischendurch verglich er Kosten und Nutzen. Er kam spurlos und verschwand spurlos. Niemand gedenkt seiner.

Hinterbliebene: Niemand.“

2. Die Auflösung des Unternehmens

So wie die globale Wirtschaft den Boden unter den Füßen verliert und sich in einen finanzwirtschaftlichen Überbau ohne Realitätsbezug auflöst, also losgelöst von wirklicher Wertschöpfung agiert, so virtualisieren sich die großen Unternehmen. Nike ist nur noch ein Logo. Marketing ist der Kern des Geschäftes, dem ein Logistik-Stellwerk beigeordnet ist, das dafür sorgt, dass alles zur rechten Zeit am richtigen Ort zusammengebaut ist, um dann zur rechten Zeit am richtigen Ort verkauft zu werden.

Im Zentrum der Wirtschaft steht das Logo. Um es herum

organisiert sich alles andere. Logo, Marketing, Logistik, das sind die drei Fixsterne, um die herum das moderne Unternehmen kreist. Der Mensch ist in Gefahr, irgendwo zwischen den Umlaufbahnen verloren zu gehen.

Werbung hat sich von der Realität emanzipiert. Produziert wird ein Image. Nicht die Eigenschaft einer Ware wird angepriesen, sondern ein Gefühl, das sich mit ihr verbinden soll. Wirtschaft wird Magie. Der Zauber einer Ware entscheidet über das Geschäft. Jugendlichkeit, Wohlgefühl, Sportlichkeit – mit solchen „Accessoires" wird eine Automarke beworben. PS, Spritverbrauch ohne ähnliche technische Details treten in den Hintergrund. Bezahlt wird das Image, welches das Produkt dem Käufer verschafft. Andersens Märchen von des „Kaisers neuen Kleidern" liefert das Erfolgsgeheimnis Massensuggestion. Es fehlt allerdings noch der kleine Junge, der mit gesundem Menschenverstand den Schwindel auffliegen lässt.

Die reale Produktion ist ausgelagert. Die Produkte werden mehr und mehr zu einer marketingmäßig gesteuerten Assoziation an das Firmenimage, denn die „Marke" ist etwas anderes als das Produkt. Peter Schweitzer, der Präsident der Werbefirma J. Walter Thompson, erklärt diese Differenz so: „Der Unterschied zwischen Produkten und Marken ist fundamental. Ein Produkt wird in der Fabrik hergestellt. Eine Marke vom Verbraucher gekauft." Nicht für das Produkt wird geworben, sondern für die Marke. Eine Marke ist die Herstellung eines verkaufsträchtigen Scheins, der wichtiger ist als die eigentliche Produktion von Gütern.

„Image ist alles", hieß es im Werbespot von Canon Cameras, den einst André Agassi verkündete. Die äußere, rechtliche Seite des Unternehmens schrumpft auf eine Kette von Verträgen zwischen Geldgebern.

Die alten Unternehmer von Schrot und Korn, der alte Krupp, der biedere Adam Opel, waren oft scheue Leute. „Sein" galt mehr als „Schein". Für die Globalplayer ist Mitgliedschaft im Jetset Lebenselixier. Die Manager sind selig, wenn sie in der

Kanzlermaschine mit um die Welt fliegen dürfen. Das bringt Prestige und Prestige ist die halbe Miete fürs Geschäft.

Das neue Schausteller-Gewerbe

Die Virtualisierung des Unternehmens schafft sich ein eigenes und eigenartiges Gewerbe. Unternehmensberater reisen von Kongress zu Kongress wie einst die Schausteller und Spielleute von Kirmesplatz zu Kirmesplatz. Auf vielen Plätzen erfüllen sie die mittelalterliche Funktion von Hofnarren. Sie unterhalten die Mächtigen, sagen aber auch unbequeme Sachen, und zwar auf Bestellung des Auftraggebers. Der Unternehmensberater rät zu dem, wozu der Boss zu feige war. Der Unternehmensberater übernimmt aber auch noch die Funktion, die früher die Minenhunde beim Militär inne hatten. Oft sind es gescheiterte Manager, abgebrochene Akademiker, die nie einen Betrieb von innen gesehen haben. Ihre Managementphilosophien wechseln wie die Moden. In einer Saison ist „Diversifikation" angesagt, in der nächsten „Konzentration aufs Kerngeschäft". Erst wurde Karstadt-Quelle geraten, den Online-Handel aufzubauen und das Kerngeschäft zu reduzieren. Ein paar Jahre später gab es den genau gegenteiligen Rat. Und was das Überraschende ist: Die Ratgeber waren die gleichen Leute. Aber das fällt im Trubel der Geschwätzigkeit gar nicht mehr auf. Die nächste Beraterwende setzt gerade ein. Gestern war Outsourcen der Hit der Saison. EDV, Zulieferung, alles wurde „outgesourct". Jetzt geht's in die entgegengesetzte Richtung. „Insourcen" wird wieder chic. Beim Patentrezept „outsourcen" gab es ein paar nicht vorgesehene Probleme, beispielsweise Qualitätssicherung. Was bleibt, ist *sourcen,* egal ob *in* oder *out*. Hauptsache, das Beratergeschäft läuft. Auf der Strecke bleibt das seriöse, identifizierbare Unternehmen. „Trendhopping" ist der Beratersport. Ein Hamburger Trendbüro bietet ein Seminar für Führungskräfte an: „Wie werde ich Nummer 1?" Man kann nur hoffen, dass das Seminar keinen Massenzulauf bekommt, denn dann wären die Ratschläge ohne Aussicht auf Erfolg, noch bevor der erste Teilnehmer den Kurs besucht hätte. Die Zahl derjenigen, die Nummer 1 werden können, ist nämlich begrenzt.

Management-Theorien sind ein Kassenschlager. 136 Buchtitel listet allein der Internet-Buchhändler Amazon unter dem Stichwort „Change Management" auf.

Fünf Empfehlungen sind die weltweit meistgegebenen Ratschläge der Unternehmensberater, behaupten Frederik Hilmer und Lex Donaldson, die schärfsten Kritiker des Managementberater-Gewerbes: ·

1. Flache Strukturen
2. Aktionssortierung
3. Technik für alles
4. Unternehmens-Clan-Pflege
5. Der Board ist der Wächter

Die beiden entlarven die fünf Mythen als Wortspielereien, bei denen mit immer neuen Begriffen jongliert wird. Hilmer und Donaldson setzen anstelle der Patentrezepte die Ratschläge für eine Managementpraxis, „die den starren Dogmen abschwört und sich stattdessen die traditionellen Grundsätze der etablierten Berufe zueigen macht". Dazu zählen sie: Langfristig denken und vernünftig handeln. Eigentlich ganz alte Sachen, die genügend Spielraum für eigenständige, persönliche Ausfüllung lassen. Das eben unterscheidet „die alten Sachen" von den Patentrezepten, die bekanntlich nur angewendet werden.

Die Rückkehr zu einem echten Unternehmer-Berufsethos ist etwas anderes als ein aufgeregtes Wedeln hinter den schnell wechselnden Moden in Business und Management.

Andrzej Huczynski von der Glasgow Business School sieht die Unsicherheit des Managements als Folge eines wachsenden Nachfragedruckes nach schnellen Lösungen. Geschwindigkeit wird zum Qualitätsbeweis. Iacocca, die amerikanische

Management-Ikone, hatte einst die Schnelligkeit zum Programm erklärt: „Anlegen, zielen, schießen" ist etwas für ewig Gestrige, für erfolgreiches Management aber gilt: „Anlegen, schießen, zielen". Huczynski gibt ganz banale Gründe für die gestiegene Nachfrage nach Managementtheorien an. Ein Manager, der die neueste, von einem bedeutenden Experten vertretene Technik anwendet oder die mit großem Beifall aufgenommenen Rezepte eines auf Bestsellerlisten stehenden Buches befolgt, kann kaum kritisiert werden, während derjenige, der die neuesten Trends ignoriert, das Risiko eingeht, als altmodisch und unprofessionell abgestempelt zu werden. Thomas Leif zitiert in seiner lesenswerten Hinrichtung des Beratergewerbes: „Beraten und Verkauft" einen anonymen Berater, der über die Feigheit seiner Kunden klagt: „Wenn eine Beratungsfirma XY das vorgeschlagen hat, dann muss es gut sein. Wenn es schief geht, sind sie auch dafür verantwortlich. Was allerdings erstaunlich ist: Eigentlich bekommen alle Standardware. Diese Standardware ist für die Unternehmen manchmal gar nicht hilfreich. Und ein Großteil wird nie realisiert. Der Zauber des Beraterstandards liegt darin, dass die Kunden die Standards für Neuigkeiten halten."

Die traditionellen Grundsätze, die Hilmer und Lex Donaldson den Management-Moden entgegensetzen, sind

1. Berufsideale, die über eigene Interessen hinausgehen,
2. Ausbildung nicht nur in Schule und Universität, sondern auch in der harten Schule des Lebens,
3. klare Sprache.

Judith Mair, eine erfolgreiche Unternehmerin, schreibt ein kühles Plädoyer „Schluss mit Lustig" gegen das wortzauberische Unternehmensberatungsgewerbe. Ihre Empfehlung ist, der „Arbeit wieder Maß und Form" zu geben. Die Arbeit ist kein Ausflug und der Arbeitsplatz kein Erlebnispark. Und das ganze Getue der Beratungentertainer, die Arbeit in Spaß verwandeln wollen, ist von erniedrigender Oberflächlichkeit. „Die Unternehmen müssen mit klaren Vorgaben und Grenzen wieder eine verbindliche Arbeitsgrundlage geben", erklärt Mair. Leistung und Disziplin sind wichtiger als der ganze Hokuspokus einer Unternehmensphilosophie, die auf den Rumpelstielzchen-Effekt setzt; Name ist alles, Inhalt ist nichts. (Und wenn die Wirklichkeit der Veränderung Widerstände entgegensetzt, dann wird ein neues Wort erfunden.) Alles wird ein Spiel mit Worten. Und englisch müssen die neuen Worte sein, wenn sie gelten sollen.

Parallele Politik

Selbst die Politik beteiligt sich an diesem Luftikus-Spiel. Man denke an „Hartz I bis IV". Es wimmelt von neuen Worten: „Job-Center", „Ich-AG", „bridge-System", „Assessment-Center", „Personal-Service-Agentur, „Quick-Vermittlung", „Job-Floater, „Kompetenz-Center" etc. Lässt sich die Abgehobenheit der modernen Sozialpolitik besser entlarven als durch eine Sprache, die für viele der „Betroffenen", von denen ein Teil ohne Schulabschluss ist, so verständlich ist wie die Sprache chinesischer Mandarine? Die neue heilige Sprache der Sozialpolitik wurde als Quasi-Liturgie im Französischen Dom vorgeführt. Hartz selber zelebrierte seine „Module". Schröder predigte seine „Agenda". Die Hartz-Kommission stellte die Messdiener. Die Presse sang im Chor schöne Reformlieder, und das Volk betete, und die Arbeitslosen warten seit der Zeit auf das Wunder.

Auch in der Christlich Demokratischen Union steht das Beratergewerbe in hohem Ansehen. McKinsey rückte in die Parteizentrale ein und lieferte die Konzepte für die Sozialreformen. Das Prachtstück war die Kopfpauschale. Die Zahlen, mit denen gerechnet wurde, waren ungefähr so genau wie die Treffsicherheit einer alten, aus der Hüfte abgefeuerten Schrotflinte. Alt-Bundespräsident Roman Herzog nickte alle Vorschläge ab und brachte sie mit einer launigen Rede, die mit den Problemen der Kopfpauschale so viel zu tun hatte wie das Drachenfliegen mit der Weltraumfahrt, ins Herz des Leipziger Parteitages.

Das Neue ist nur das Neueste

Das Neue wird ein Wert an sich. Für Unternehmen bedeutet das ein ständiges Umorganisieren. Der Elan der Veränderung simuliert Tatkraft. Schon in früheren Zeiten scheint dieser Typ von Organisationsgenie mehr eine Verlegensheitslösung gewesen zu sein. „Wir übten mit aller Macht. Aber immer, wenn wir begannen, zusammengeschweißt zu werden, wurden wir umorganisiert. Ich habe im späteren Leben gelernt, dass wir oft versuchten, neuen Verhältnissen durch Umorganisierung zu begegnen. Es ist eine phantastische Methode! Sie erzeugt die Illusion des Fortschritts, wobei sie gleichzeitig Verwirrung schafft, die Effektivität mindert und demoralisierend wirkt", schrieb 66 v. Chr. der römische Politiker Gaius Petronius.

Kapital entwertet sich geräuschlos selbst im Tempodrom der Globalisierung. Absatz verlangt Innovation, wenn es sein muss um jeden Preis. „Öfter mal was Neues" ist das Motto einer unterhaltsamen Wirtschaft. So ist die durchschnittliche Absatzzeit japanischer Elektroprodukte inzwischen auf 3 Monate geschrumpft. Dann kommt das Nachfolgeprodukt als Alternative oder Variante. Die Entwicklungs- und Investitionszeiten dauern inzwischen länger als die Absatzzeiten auf dem Markt. Abschreibung überschlägt sich. Das ist eine geräuschlose Entfunktionalisierung des Eigentums. Mieten ersetzt Besitzen. An diese Form der schleichenden Enteignung hatte selbst Karl Marx noch gar nicht gedacht.

Im Spinnennetz von Zulieferanten wird unter den Bedingungen geliefert, welche die Spinne setzt. Das mittelalterliche Lehenssystem kannte mehr Fürsorgepflichten für den Lehensmann, als die Weltmarktführer für ihre „Filialen" akzeptieren. Der Mittelstand sitzt am kürzeren Hebel. Die „Spinne", die alles dirigiert, sitzt nicht in einem klassischen, ortsfesten Unternehmen, sondern hängt an einem Knotenpunkt, von dem aus sie die Fäden zieht.

90 Prozent der rund 1,5 Billionen Dollarmilliarden, die täglich an den Börsen umgesetzt werden, sind von rein spekulativer Natur, abgekoppelt von realer Wertschöpfung. Pensionsfonds und Hedge-Fonds, die Treiber auf der globalen Finanzjagd, sind an Realitäten weniger interessiert als an fulminanter Darstellung und imposantem Profit (was miteinander zusammenhängt).

Erwartung und Versprechen treten an die Stelle von Eigentum. Die Filmproduktionsgesellschaft von Steven Spielberg wurde bei ihrer ersten Aktienemission mit 2 Milliarden Dollar bewertet, obwohl sie so gut wie kein Sachkapital besaß.

Spekulation ist ein Darstellungsgeschäft. Die Darstellung der Spekulation hat inzwischen im Fernsehen den Aufmerksamkeitswert der Wetternachrichten. Zur besten Sendezeit kommen Börse und Wetter. Zwischendurch Nachrichten. Die Kurse teilen mit Sonne und Regen die öffentliche Beachtung, weil sie offenbar unsere Befindlichkeiten so bestimmen wie einstmals das Wetter.

Kaufen und Verkaufen

Langfristige Unternehmensstrategien interessieren nicht. Eigentümer, die „mein" und „dein" sagen können, sind von institutionellen Anliegern abgelöst. Die Anleger haben ihr Gesicht verloren. Es wird mit hohem Einsatz gespielt. Es wird fusioniert und filetiert auf Teufel komm raus. Wertschöpfung spielt keine Rolle. Arbeit ist Spielmaterial.

Liegt der geschätzte reale Wert eines Unternehmens über dem Börsenwert, so lockt ein Schnäppchen zur Übernahme.

Es geht auch feindlich. Die feindliche Übernahme kann nur abgewehrt werden, wenn der Kurswert in die Höhe getrieben wird. Wer Übernahme verhindern will, muss also den Kurs in die Höhe steigern. Dafür gibt es ein probates Mittel: Entlassungen. Wer entlässt, gewinnt. Wer die Abwehrschlacht verliert, wird übernommen. Was macht der neue Eigentümer? Er treibt den Kurswert hoch und erhöht so den Kaufpreis. Wie schafft er das? Durch Entlassungen!

Die Arbeiter können sich drehen und wenden, wie sie wollen. Sie bleiben zweiter Sieger wie der Hase im Wettlauf mit dem Igel. Am Furchenende sitzt immer der fröhliche Spekulant, und der ruft: „Personalabbau". Je höher die Entlassungszahlen, um so größer die Kurssteigerung. Und sind gar die Managergehälter an Aktienoptionen gekoppelt, dann heißt der olympische Manager-Dreisprung: Entlassung – Kurssteigerung – Einkommenserhöhung.

Die alten Ruhrbarone unterhielten sich diskret im Industrieclub in Düsseldorf und verglichen ihre Beschäftigtenzahlen. Stolz war der, welcher die meisten Einstellungen zu melden hatte. Die neuen, flotten Manager treffen sich auf dem Golfplatz, wobei derjenige als Mutigster gilt, der die meisten Entlassungen (feine Leute nennen das „Freistellungen") zustande gebracht hat. Im Wirtschaftsteil von FAZ, WELT, Süddeutsche Zeitung wird er dann als Sieger gefeiert. Wohin man sieht, siegreiche, durchsetzungsstarke Arbeitsplatzabbauer. Bei Allianz: 7500, bei Mercedes: 14.500, bei Volkswagen: 20.000 und beim Gewinn-Rekord-Meister Deutsche Bank: 14.500.

Eine Wirtschaftsordnung, die Entlassungen regelmäßig mit Gewinnsteigerung beantwortet, wird nicht überleben. Die Menschen werden es sich nicht gefallen lassen.

Kaufen und Verkaufen wird zum Unternehmenszweck, und so sind große Unternehmen inzwischen de facto vielerorts in Wirklichkeit ein Bankhaus mit angeschlossenem Betrieb. Im Wirtschaftsausblick 2006 beschreibt der Internationale Währungsfonds, dass große Unternehmen im Geld schwimmen ohne zu investieren. Von 2003 bis 2004 haben Unternehmen der sieben größten Industriestaaten Ersparnisse von 1,3 Billionen angehäuft. Nachdem der Verkauf von Firmenteilen noch von Rot-Grün steuerfrei gestellt worden ist, läuft die Maschine wie geschmiert. Die Unternehmer führen dem Finanzminister die Hand. Siemens hat gar keine Steuern mehr in Deutschland bezahlt. Trotzdem beklagte der Siemens-Chef von Pierer die Standortbedingungen. Ja, soll der Staat jetzt an die Unternehmer Steuern bezahlen? Rückzahlung gab es schon en gros, auch Firmen, deren Chefs die Staatsverschuldung beklagen. Klammheimlich wird der Staat gemolken und lautstark wird Staatsverschuldung beklagt. Würde ein solches Verhalten medizinisch diagnostiziert, geriete der Patient unter den Verdacht der Schizophrenie. Im Beichtstuhl würde dies unter der Rubrik „Sünde der Heuchelei" abgehandelt. Der Volksmund spricht in solchen Fällen von „gespaltener Zunge". Was es nun genau ist, ist egal. Es ist in keinem Fall seriös.

Wie das Kaufen und Verkaufen „läuft", kann exemplarisch am Fall der Übernahme von Mannesmann durch Vodafone studiert werden. Vodafone, gerade mal 15 Jahre alt, übernahm das über 100 Jahre alte Unternehmen Mannesmann. Das sagt noch nichts über die Art der Transaktion. Das eigentliche Wunder, das der biblischen Brotvermehrung fast gleichkommt, besteht darin, dass der Käufer schon drei Monate nach dem Kauf 57 Milliarden mehr in der Kasse hat als vor dem Kauf. Doch diesmal ist es kein unerklärlicher Vorgang wie bei der Speisung der 5000, nach der noch 5 Körbe Brot nach der Verteilung von 5 Broten übrig blieben. Bei Vodafone ging es trivialer zu. Die Anteile der Mannesmann-Aktionäre wurden mit Vodafone-Aktien gekauft. Dazu haben sie kein Wunder benötigt, sondern nur eine Druckmaschine, denn sie haben die Vodafone-Aktien „wie Kamellen" unter die staunenden Mannesmann-Aktionäre geworfen. Dabei musste nur der Schein erweckt werden, die Vodafone-Aktien wären auf Dauer mehr wert als die Mannesmann-Aktien. Dass das später nicht so war, war eben Pech für die, welche an den Vodafone-Zauber glaubten. Das ganze Spiel war auf Schein aufgebaut. Die notwendigen Wertberichtigungen wurden später selbstverständlich steuermindernd geltend gemacht. Denn es gilt weiterhin als eherne Geschäftsregel: „Erträge privatisieren, Verluste sozialisieren"!

Früher, zu Zeiten der ehrbaren Kaufleute, hätte man das ein „schmutziges Geschäft" genannt. „Dreck macht fett" ist eine volkstümliche Pädagogik, die zur Ernährungsberatung bisweilen benutzt wird. Vodafone wurde fett. Gleich nach dem Kauf begann der Verkauf von Unternehmensteilen des alten Mannesmann-Konzerns. „Orange" ging für 40 Milliarden an France Telekom, das Handelshaus von Mannesmann an Thyssen, die Maschinenbau- und Autozulieferer-Gruppe Atecs für 9 Milliarden an Siemens und Bosch. Der Röhrenbau, das alte Prunkstück von Mannesmann, landete beim Stahlkonzern Salzgitter, der Maschinenbau ging an Siemens. Esser von Mannesmann erhielt noch eine Prämie von 60 Millionen dafür, dass er die Übernahme nicht verhindert hat. Oder für was sonst? Und der Gentleman Gent, der den ganzen Deal eingeleitet und dirigiert hatte, wo ist der? Der hat sich längst aus dem Staub gemacht unter Hinterlassung von Aktionären, die in zwei Jahren 70 Prozent des Wertes ihrer Aktien eingebüßt haben. Die Verlierer bei diesem Spiel waren die vielen Kleinaktionäre, die ihr Erspartes gutgläubig dem Investmentfonds oder den Versicherungskonzernen anvertraut hatten, welche mit Hilfe der vertrauensseligen kleinen Leute sich die Aktienmehrheit verschafft hatten.

Der Ausverkauf war ein Bombengeschäft und erzeugte wahrscheinlich auch eine Bombenstimmung bei denen, die dieses Geschäft eingefädelt hatten. Bei den Arbeitnehmern, die oft über Jahrzehnte ihrer Firma Mannesmann die Treue gehalten hatten, kam diese Stimmung nicht auf. Sie spielten nur die Rolle von Objekten, die hin- und hergeschoben werden wie Bauklötzchen auf dem Boden eines Spielzimmers. Die Kranbauer von Mannesmann Dematic haben z. B. in drei Jahren vier verschiedene Eigentümer erlebt. Ein alter Gebrauchtwagen wechselt weniger oft seinen Besitzer als Kranbauer die Eigentümer der Firma, in der sie beschäftigt sind.

Der Kaufpreis soll im Übrigen auch noch durch nachträgliche Steuertricks relativiert werden. Beim Düsseldorfer Finanzministerium liegt seit Jahren ein Antrag, rund 50 Milliarden Euro aus dem Deal abzuschreiben. Das würde im Erfolgsfall bedeuten, dass Vodafone auf lange Zeit keine Steuern abzuführen hat. Der Steuerzahler soll die Mauscheleien bezahlen. Da haben sich doch die 120 Millionen Mark rentiert, mit denen das Mannesmann-Top-Management ins feindliche Lager gelockt worden ist.

Marktwirtschaft soll auf Leistung basieren. Der Tüchtige soll den Wettbewerb gewinnen. Worin bestand die Leistung der Vodafone-Strategen? Dass sie eine Menge Leute übers Ohr gehauen haben! Wertschöpfung? Arbeit?

Kaufen und gekauft werden wird zu einem Wechselspiel, bei dem die Arbeitnehmer leicht die Übersicht verlieren, zu wem sie eigentlich gehören. Das französische Unternehmen Frans Bonhomme, ein Großhändler für Plastikrohre und Installation, wurde zwischen 1995 und 2005 viermal an Private-Equity-Fonds verkauft. 1994 wurde Frans Bonhomme an den Fonds Partenaires Gestion für 180 Millionen Euro verkauft. Im Jahr 2000 waren die Finanzinvestoren bzw. Fonds PAI Cinven und Astorg vorübergehend die glücklichen Besitzer. Dafür zahlten sie 390 Millionen Euro. 2003 ging der „Balg" Bonhomme an Goldmann und Sachs, Barclays und Apax. Diesmal waren 520 Millionen Euro im Spiel. „Taler, Taler, du musst wandern", sangen wir als Kinder. Das war ein harmloses Kinderlied. Jetzt singt niemand mehr. Es geht um viel Geld und nebenbei um menschliche Schicksale. Letzter Stand der Fahndung: Jetzt gehört Bonhomme wieder dem Eigenkapitalfonds Cinven. Das Eigenkapital wurde von einem

Fonds geliefert, hinter dem sich British Coal Pension Fund, British Railways Pension und Barclays Bank Pension Fund verbergen. Für Rentengeschäfte lohnt sich das Wechselspiel. Was die Arbeiter an einer Stelle für ihre Pensionen gewinnen, verlieren die anderen an anderer Stelle an Arbeit.

Wie idyllisch ist die Vorstellung, dass Arbeit und Eigentum eine Leistungsgemeinschaft bilden. Die neuen Arbeiter bedürfen eines Blindenhundes, der ihnen die Spur zu den Eigentümern ihres Betriebes weist. Vielleicht weiß dieser „Eigentümer" auch nicht, welche Betriebe ihm gerade gehören. Das weiß mit Mühe der Fonds-Manager. Der Eigentümer hat sich im Zeitalter des Finanzkapitalismus in ein Netzwerk von Investmentbanken, Fonds, Rechtsanwaltskanzleien und Beratungsfirmen verwandelt. Die Private Equity Funds bringen kaum Eigenkapital ein. Bis zu 90 Prozent des Kaufpreises werden durch Kredite finanziert, die als Schuldenlast dem übernommenen Unternehmen aufgehalst werden.

Friedrich Grohe AG, ein bodenständiges Familienunternehmen aus dem Sauerland, liefert ein weiteres Beweisstück für den Trick: Der Gehängte zahlt den Strick, an dem er aufgehängt wird.

Die Eigentümer-Familie verkaufte 16 Jahre nach dem Tod des Firmengründers das Unternehmen für 900 Millionen Euro an BC-Partners. Der neue Eigentümer beauftragte vier Jahre später die Investmentbank Merril Lynch, die Firma wieder zu verkaufen. Die gelangt für 1,5 Milliarden Euro an die Beteiligungsgesellschaft Texas Pacific Group und Credit Suisse, First Boston Private Equity. Der neue Chef verkündete als erstes, man müsse die Zukunft des Unternehmens sichern. Die Rendite lag im Jahre 2003 bei 20 Prozent, der Gewinn bei 184 Millionen Euro vor Steuern und Zinsen bei einem Umsatz von 885 Millionen. Zukunft sichern hieß, Kosten um 150 Millionen senken, Rendite auf 28 Prozent steigern. 3000 Arbeitsplätze in Deutschland standen auf der Abschussliste. Warum die Gier? BC-Partners hatte sich die Raten für die Abzahlungen des Akquisitionskredites aus der Firma, die sie übernommen hatte, geholt. Bei Weitergabe an den neuen Investor soll der Übernommene die Zinslast für die Kredite tragen, die der Übernehmer für die Übernahme aufgenommen hatte. Das Übernahme-Unternehmen funktioniert nach dem Schema: „Der Gekaufte bezahlt den Käufer".

Warum McKinsey dem Badearmaturenhersteller Grohe empfohlen hat, trotz einer Rendite von 20 Prozent die Herstellung nach China zu verlagern, gehört zu den Betriebsgeheimnissen der Unternehmensberatungsgeschäfts: „Wir reden grundsätzlich nicht über unsere Klientenarbeit", antwortete McKinseys Deutschland-Chef Jürgen Kluge. Ohne Entlassungsvorschläge endet so gut wie keine Unternehmensberatung. Merkwürdig!

Die Unternehmensberatungsgesellschaft Price-Waterhouse-Coopers zählte in fünf Jahren weltweit 40.000 Fusionen mit einem Gesamtwert von 5 Billionen Dollar. Ein großer Teil der gekauften Firmen wurde weiterverkauft. Es ging also nicht um das typische Geschäft von Unternehmern, die Werte schaffen, es ging um das Geschäft von Händlern, die sich als Unternehmer tarnen.

„In der Marktwirtschaft erobern sich die Firmen Marktanteile, indem sie die Preise senken und die Qualität verbessern. Im Kapitalismus erhöht man den Marktanteil, indem man die Konkurrenzfirma kauft", stellt der große alte Mann der amerikanischen Wirtschaftswissenschaften, John Kenneth Galbraith, am Ende seines streitbaren Gelehrtenlebens fest.

„Schaffe, schaffe", ist die Erfolgsmaxime der Marktwirtschaft. „Raffe, raffe" das Motto des Kapitalismus. 25 Prozent jährliche Rendite auf das Eigenkapital ist die Messlatte, die die globale Raff-Gemeinschaft von Fondsmanagern, Bankiers, Analysten und Multis als Normalität proklamiert hat. Josef Ackermann geriete offenbar in höchste Gefahr, wenn die Deutsche Bank dieses Renditeziel nicht erreichen würde. Das Rezept, wie solche Rendite-Rekorde erreicht werden, ist nicht

Innovation und Investition. Die Masche heißt: kaufen und verkaufen. Die Logik der Bosse und Hedge-Fonds setzt die Anreize für produktive Arbeit außer Betrieb und an ihre Stelle kurzatmige Finanztransaktionäre. Während die Kleinaktionäre noch auf die Kuh warten, deren Milch sie trinken wollen, haben die Finanzhändler schon die Kuh verkauft. In der Auseinandersetzung mit der Spekulation, welche die scholastische Moraltheologie mit großer Subtilität geführt hat, ist diese Art Handel als Spielsucht scharf verurteilt worden. „Das Missverhältnis zwischen Leistung und Gewinn ist es, das den Scholastikern die reine Spekulation so verabscheuungswürdig erscheinen lässt", hält Oswald von Nell-Breuning in seiner großen Untersuchung „Grundzüge der Börsenmoral" fest. Hermann Josef Abs, der große Bankier der Deutschen Bank hat dieses Werk von Nell-Breuning einst das Standardwerk der Wirtschaftsethik genannt.

„Freisetzung"

Unternehmerische Veränderungen unter dem Modebegriff „Re-Engineering" landen meist bei Entlassungen, wofür das schöne Wort „Freisetzung" verwandt wird. Es gibt offenbar einen neumodischen Hang, hässliche Sachen in schöne Worte zu verpacken. Den Verlust der Arbeit als „Freisetzung" zu deklarieren, lässt an das Glück von Befreiung denken. Der Rückgang der Volkswirtschaft heißt „Minus-Wachstum". Es klingt alles besser, aber auch wenn Krankheit Minus-Gesundheit genannt würde, könnte man doch an ihr sterben und das schöne Wort „frei" macht den Verlust der Arbeit nicht schmerzlos.

Die von phantastischen Consulting-Büros entworfenen Strategien der Umorganisation und der Verschlankung funktionieren jedoch selten wie geplant, „vor allem weil Institutionen während des Personalabbaus in Funktionsstörungen geraten" (Richard Sennett). Es kommt hinzu, dass manche dieser

Umstrukturierungspläne auf mittlere Sicht nicht geradlinig, sondern in Schlangenlinien verlaufen, die mitunter auch Kehrtwendungen enthalten. Einheiten werden verkauft und ein paar Jahre später steigt die Firma wieder in das Geschäft ein, das sie ein paar Jahre vorher abgestoßen hatte. Fachkräfte werden mit Handschlag verabschiedet und nach kurzer Zeit mit Finderlohn für private Vermittler wieder gesucht.

Der Umschlag auf dem deutschen Arbeitsmarkt ist größer, als die Arbeitslosenstatistik vermuten lässt. Rund 7 Millionen Arbeitnehmer verlieren jährlich ihren Arbeitsplatz. Ein Rest freiwillig. Manche finden wieder einen neuen. Die amerikanische Manager-Vereinigung ABM und die Wyatt Company haben das Ergebnis von Personalabbau auf seine mittelfristigen Folgen hin untersucht. Wiederholte Entlassungswellen führten zu niedrigeren Gewinnen und dem Absinken der Produktivität. Sennett zitiert die Ergebnisse der Wyatt-Studie: Das Ergebnis ist, dass „weniger als die Hälfte der Unternehmen ihr Ziel bei der Kostensenkung erreichte: weniger als ein Drittel steigerte die Gewinne; weniger als ein Viertel steigerte seine Produktivität." Sennett liefert gleich eine Erklärung mit: „Arbeitsmoral und Motivation der Arbeitskräfte sanken im Laufe der verschiedenen Entlassungswellen rapide ab." Einfacher und ohne wissenschaftlichen Unterbau hat der Volksmund dafür die Erklärung: „Wie man in den Wald hineinruft, so schallt es heraus." Wenn die Arbeiter den Eindruck haben, dass sie nur Figuren in einem Gewinnspiel sind, werden sie sich nicht für „ihr" Unternehmen engagieren. Die durchschnittliche Überlebenschance amerikanischer Firmen beträgt 11 Jahre. Alte Firmen, die 100 Jahre überstanden haben, weisen im Unterschied zu vielen jungen Unternehmen eine überraschend niedrige Fluktuationsrate und eine hohe Identifikation der Mitarbeiter mit dem Unternehmen auf. Betriebstreue lohnt sich doch?!

Solche einfachen Zusammenhänge kannte noch der Handwerksmeister. Deshalb versuchte er seinen Gesellen auch über schlechte Zeiten hinweg zu halten. Im alten Begriff vom handwerklichen Betrieb als Handwerksfamilie mit Meister – Geselle – Lehrling ist sicher viel verklärende Nostalgie enthalten. Immerhin bewahrt sie die Erinnerung daran auf, dass der Betrieb mehr ist als die Summe von Arbeitsverhältnissen und ein handwerklicher „Mehrwert" in der Fürsorge des Meisters für Gesellen und Lehrlinge bestand. Im Übrigen verdankt die Wirtschaft den „kleinen" Betrieben mehr Fortschrittsimpulse als den großen. Die kleinsten Firmen schufen ungefähr viermal so viel Innovation wie die mittelgroßen und vierundzwanzig Mal so viel wie die Großen, gemessen am Einsatz für Forschung und Entwicklung. Wirtschaftliche Effizienz und Mitmenschlichkeit sind keine Gegensätze.

Die Software-Personal-Producer wissen vom Einmaleins der Mitmenschlichkeit wenig. Das kommt der Wirtschaft teuer zu stehen. Doch es dämmert der Wirtschaft, dass Wirtschaft nicht die ganze Wirtschaft ist. Wendelin Wedeking, angesehener Porsche-Chef, erklärt das Betriebsgeheimnis des Porsche-Erfolges: „Wir haben etwas, das in der globalisierten Geschäftswelt inzwischen fremd geworden ist: eine Heimat. Wem das zu hausbacken klingt, kann gerne von Identität sprechen." Und an diesem Betriebsgeheimnis werden die großen Kolosse der Globalisierung ebenso scheitern wie Goliath an David. Was hatte David, was Goliath nicht hatte? Eine Überzeugung, dass er einer guten Sache diente. An Größe und Kraft war Goliath dem David so überlegen wie die Dinosaurier den Ameisen. Wer hat überlebt?

Es geht ganz einfach darum, ob die Arbeiter das Gefühl haben, ignoriert oder honoriert zu werden. Es gibt nämlich auch eine Ehre der Arbeiter.

Was ist das Unternehmen? Personalverbund oder Kapitalsammelstelle? Im ersten Fall verbindet der Unternehmer in seiner Person Kapital und Arbeit im Dienste des gemeinsamen Erfolges. Im anderen Fall ist ein Manager der verlängerte Arm der Börse und Agent der Aktionäre. In schöner Offenheit hat das Josef Ackermann von der Deutschen Bank beschrieben. „Im Mannesmann-Aufsichtsrat haben wir uns oft gefragt, ob wir jetzt vorrangig für die Aktionäre zuständig sind, also einen möglichst hohen Preis bekommen müssen, oder ob wir auch die Sicherheit der Arbeitsplätze bedenken und die gesellschaftliche Integration des Unternehmens sicherstellen sollen" (Interview in „Cicero" im Juni 2006). Wie Ackermann sich entschieden hat, ist bekannt. Ist Ackermann harmlos oder zynisch? Die Frage ist vergleichbar mit der, ob ein Kapitän harmlos ist, der in Gefahr das Frachtgut rettet und die Matrosen absaufen lässt.

3. Flexibilisierung

Der flexible Mensch lebt irgendwo im Nirgendwo. Ein Zuhause kennt er nicht mehr. Mobilität ist seine Heimstatt. Das beginnt beim Tagelöhner und endet beim Spitzenmanager. 15 Vorstandsvorsitzende in 20 Jahren residierten bei Opel in Rüsselsheim. Ihre Präsenz entsprach der Aufenthaltsdauer von Durchreisenden inklusive der dazugehörigen Mentalität. Einer dieser vorübergehenden Vorstandsvorsitzenden hielt es vier Monate in Rüsselsheim aus. Er fuhr durch den Betrieb, wie der Cowboy durch die Ranch reitet. Dem Cowboy macht es Spaß, die Herde zu treiben. Auf Geheiß der Konzernzentrale wechselt er die Ranch. Ich weiß nicht, wo er inzwischen „reitet".

Während Manager ihr flatterhaftes Dasein noch mit hohem Salär geschönt erhalten, müssen Arbeitnehmer darauf verzichten. Mit der Greencard als Fahrausweis reisen sie um die Erde und fliegen den Arbeitsplätzen nach wie die Zugvögel der Sonne. PC-Spezialisten importieren wir aus Bangalore. Informatik-Studienplätze hierzulande wurden schon vor Jahren gestrichen. Wir lassen ausbilden. In der Kolonialzeit beutete Europa die Erdschätze der Kolonien aus. Heute sahnen wir die Qualifizierten der ärmeren Länder ab. Wir sortieren die

Welt nach unseren Bedürfnissen. Ausgebildet? Hereinspaziert! Die arme Verwandtschaft muss draußen bleiben. Zutritt verboten, schließlich nutzt uns die alte Mutter des importierten Ingenieurs nichts. Deutscher Spargel wird von polnischen Spargelstechern geerntet. Polnischer Spargel von weißrussischen. Man kann Mobilität also auch als globalen Stafettenlauf organisieren. Das Tempo muss freilich abgestimmt werden, sonst überholen gar die Vorläufer die Nachzügler.

Die Unternehmen assimilieren sich an eine Camping-Gesellschaft. Der Campingwagen parkt, wo es ihnen vorübergehend passt. Dann macht sich das Unternehmen aus dem Staub. Kapital ist mobil und erst wenn Arbeitnehmer so mobil sind wie das Kapital, sind sie kompatibel mit der neoliberalen Camping-Gesellschaft.

„Der Mensch der Zukunft wird ein beschleunigter elektronischer Nomade sein – überall im globalen Dorf unterwegs, aber nirgends zuhause" prophezeite Marshall Mc Luhan. Peter Schlemihl verkaufte dem Teufel seinen Schatten und verlor darüber die Gemeinschaft mit den Menschen. Der globale Flüchtling verliert Herkunft und Heimat und am Schluss sich selbst.

„Die Produkt-, Kapital- und Arbeitsmärkte müssen allesamt flexibel sein", heißt es im Schröder-Blair-Papier, welches die Magna-Charta der schröderschen Agenda-Politik war. Ob Auto oder Aktie oder Arbeiter: vor der Flexibilität sind alle gleich. So schnell allerdings wie das Finanzkapital auf der globalen Datenbahn ist der Mensch noch nicht. Das ist sein Handicap gegenüber dem Kapital. Auch sonst hat der Mensch Nachteile im ökonomischen Laufwettbewerb. Er kann beispielsweise nicht so lange wie eine Ware gelagert werden, bis günstigere Absatzzeiten winken, wie zum Beispiel für Seife oder Zement. Seine Arbeitskraft muss arbeiten. Die Arbeitskraft dem Arbeitsmarkt so lange vorzuenthalten, bis die Löhne stimmen, können jedenfalls die Normal-Arbeitnehmer nicht. Und der Streik ist eine stumpfe Waffe, wenn die Produktion in Billiglohnländer verlagert werden kann. Dann bedarf es keiner Streikbrecher mehr, um den Streik zu beenden.

Der flexible Mensch ist der *homo oeconomicus* auf der Zeitschiene. Immer unterwegs. Jahrtausende hat die Menschheit geübt, bis sie gelernt hatte, sesshaft zu werden. 5000 Jahre Kulturgeschichte sollen offenbar zurückgekurbelt werden. Damals, an der Scheidelinie zwischen älterer und jüngerer Steinzeit, gelang der Übergang vom schweifenden Jäger, heimatlosen Nomaden- und Sammler-Dasein zur bäuerlichen Sesshaftigkeit nur mit schwerer Mühe und großem Leiden.

Von Völkerwanderungen, Kriegszügen, Vertreibungen unterbrochen, blieb die Entwicklung relativ ortsfest. Zeiten der Wanderungen waren nie Hochzeiten einer Kultur. Stabilität galt jedenfalls als guter Stand für Hochkulturen.

Soll jetzt wieder von der „Ernte" zur „Beute" zurückgegangen werden? Dann freilich haben Kündigungsschutz und andere Treuepflichten keine Funktion mehr in der Welt der Arbeit. Sie stören die herumschweifende Mobilität. 1997 im Bündnis für Arbeit wurde zugesagt, dass die Lockerung des Kündigungsschutzes 300.000 neue Arbeitsplätze schaffen würde. Ich weiß das nicht nur vom Hörensagen; ich war dabei, als Handwerkskammerpräsident Späth unter dem eindrucksvollen Kopfnicken von Industriepräsident Henkel, Arbeitgeberpräsident Murmann und Handelskammerpräsident Stihl dies ankündigte. Auf die 300.000 neuen Arbeitsplätze warte ich heute noch.

Der Job-Nomade ist der neue Arbeiter. Der mobile Mensch ist allseits und allzeit einsetzbar. Als Beziehungsnomade, Cyber-Kosmopolit und permanenter Wanderer geht er mit scheinbarer Leichtigkeit durch die Welt. Seine Weltoffenheit wird durch keine Standortfestigkeit ausbalanciert. Nirgends ankert er.

Wurden in früheren Zeiten Jubilare noch für Betriebstreue gefeiert, so nährt heute lange Betriebszugehörigkeit schon den Verdacht von erlahmter Initiativkraft, mangelnder Kreativität und fauler Bequemlichkeit.

Wie soll unter den Bedingungen der forcierten Wechselhaftigkeit überhaupt Loyalität entstehen? Loyalität ist auf Verlässlichkeit angewiesen und die bedarf einer Zeitdauer, in der sie sich bewähren kann. „Ausdauer" ist die Fähigkeit, „dicke Bretter zu bohren". Die hartnäckige Nachhaltigkeit der Dombauhütten des Mittelalters, die sie zu Zeiten überdauernden Bauwerken befähigte, wurde gestützt durch einen fast ordensähnlichen Zusammenhalt von Baumeister und Gesellen mit vielen wechselseitigen Treuepflichten. Ohne Verlässlichkeit keine Nachhaltigkeit.

So wie es keine Treue des Unternehmers zu den Arbeitnehmern mehr gibt, so wird es auch keine der Arbeitnehmer zu ihrem Unternehmen mehr geben. Kündigungsschutz ist auch Vertrauensschutz für den Arbeitgeber. Im Unterschied zu den USA verlässt in Deutschland noch kein Mitarbeiter freitags den Betrieb, um ohne Ankündigung montags bei der Konkurrenz anzuheuern.

Loyalität ist ein wechselseitiges Verhältnis. Loyalität, die auf Zugehörigkeit basiert, wird abgebaut. Damit entfällt eine wichtige Leistungsmotivation. Es gilt die „Vorteilsnahme", und zwar für beide Seiten. „Die Empfehlung heißt schlicht und einfach: Egal, wie alt du bist, egal, was du kannst, in welchem Unternehmen du tätig bist: wenn die Situation nicht so ist, dass du darin nicht glücklich sein kannst, dann musst du gehen". Das jedenfalls ist die Maxime, die Hans-Uwe L. Köhler im Buch: „Arbeiten. Aber wie? Bitte! Wege in die Zukunft" ausgibt. „Hau ab, wenn du Widerstände überwinden musst." Wechselseitige Illoyalitäten von Arbeitgebern und Arbeitnehmern treiben sich in die Höhe. Nur nichts Dauerhaftes. Der Standort des flexiblen Menschen ist die Durchreise, Reise durch Räume und Beziehungen. Immer auf der Flucht, gejagt von der Angst, eine Gelegenheit zu verpassen. Gelegenheit wozu? Der flexible Mensch geht Widerständen aus dem

Weg. Der Mensch ohne Rückgrat ist biegsam. Er windet sich um alles, was ihn festlegen könnte. Hans-Uwe Köhlers Prototyp des neuen Arbeiters ist der Optimierer, dessen Ausdauer nur noch zum Ausprobieren reicht, weil er hinter der Chimäre herhechelt: Es gibt noch was Besseres. Es fehlt ihm die Schwerkraft der Realität.

Der flexible Mensch ist ein außengeleiteter Mensch. Narziss war in sein flüchtiges Spiegelbild verliebt. Selbstverwirklichung, die Ikone der neoliberalen Religion, ist ein Produkt psychotherapeutischer Ich-Fixierung. Der sich selbstverwirklichende Akteur agiert auf der Bühne und bestaunt sich gleichzeitig aus dem Zuschauerraum.

Abgesehen davon, dass unter den derzeitigen Verhältnissen von 5 Millionen Arbeitslosen dieser ständig kündigungsbereite Arbeitnehmer eine Luxusfigur ist, kann die von Köhler propagierte Flexibilität nur in einer Welt von Autisten funktionieren. Der nomadenhafte Mensch, der mit seiner Freiheit allein ist, muss auf vieles verzichten: Heimat, Nachbarschaft, Freunde, Ehe, Familie. Einsam kreist er durch den Weltraum seiner Wünsche und wird am Ende verglühen wie eine Sternschnuppe.

Natürlich ist hier wieder der Chefdenker der Deutschen Bank, Norbert Walter, zur Stelle, wenn es gilt, die Reiselust der Mobilität zu wecken, die bekanntlich das unstillbare Verlangen des flexiblen Menschen ist: „Da bin ich ein temperamentvoller Chef, Vater und Berater und sage: ‚Kinder, wenn ihr routiniert seid und gut ausgebildet, die Welt braucht euer Talent. Wenn ihr in Magdeburg oder Dessau im Moment nichts für euch findet, macht euch auf und schaut euch um. Ein Buchhalter wird möglicherweise woanders in Deutschland einen Job finden. Aber ein Ingenieur oder jemand, der Messen organisiert, kann auch in Dubai oder Hongkong arbeiten.'" („Volksstimme Magdeburg" vom 11.02.2005).

In welcher Welt lebt Deutschlands Wirtschaftselite? Man fühlt sich an Eichendorffs Taugenichts erinnert, der morgens loszieht, die Sonne geht auf, das Gras ist noch taufrisch, die Jagdhörner erschallen und er macht sich auf in die große weite Welt. Was jedoch bei Eichendorff Romantik war, ist bei den Neoliberalen menschenverachtende Arroganz oder vergessene Ignoranz. Mobilität unter den Bedingungen von Arbeitslosigkeit entspringt nicht Wanderlust, sondern Daseinsfrust.

„Zurück zum Tagelöhner?"

Arbeit wird hin- und hergeschoben, je nach Stand des Spiels. Schutzgesetze sind ein Hindernis. Weg damit. Der vollendete flexible Arbeitnehmer ist der Tagelöhner. Eine Vorstufe des „Tagelöhners" ist der befristet Beschäftigte. Tagelöhner waren nach biblischen Berichten weniger geschützt als Sklaven. Für die Erhaltung der Arbeitskraft des Sklaven bestand auch beim Sklaven-Halter Interesse. Schließlich wollte er ihn länger ausnutzen. Ob dagegen der Tagelöhner nach getaner Tagesarbeit krank wird, das kümmerte ihn nicht.

Die vollendete Höchstform des befristeten Arbeitsverhältnisses ist das kapazitätsorientierte Arbeitsverhältnis, also Arbeit auf Abruf und Arbeiter in permanenter Lauerstellung. Das normale Arbeitsverhältnis wird zunehmend zurückgedrängt.

Ein Viertel der Arbeitnehmer unter 25 Jahren arbeitet nicht mehr in einem regulären Arbeitsverhältnis, sondern auf einer ungesicherten prekären und meist befristeten Stelle. Wie sollen der junge Mann und die junge Frau eine Familie gründen? Er bekommt noch nicht einmal einen Kredit bei der Sparkasse, denn er kann kein gesichertes Einkommen nachweisen. (Leiharbeit-Unternehmen, die mit gesicherten Arbeitsverträgen arbeiten, für die Tarifverträge abgeschlossen und Betriebsräte eingesetzt sind und Schutzgesetze beachtet werden, nehme ich ausdrücklich aus dem Kreis dieser neuen Ausbeuter aus).

Unter dem Motto „Flexibilität und Mobilität" wird überall auf der Welt der Angriff auf die Normalität von Arbeitsverträgen geführt. An die Stelle von wechselseitigen Rechten und Pflichten tritt das freie Verfügungsrecht der Arbeitgeber.

Die Teilzeitbeschäftigung hat sich in den USA seit 1998 verdreifacht. Bei allerdings nur einem Viertel dieser Beschäftigten entspricht die Teilzeit dem eigenen Wunsch. Die Form der Flexibilität entsprang also nicht dem Verlangen nach mehr Selbstbestimmung, sondern ist das Ergebnis wirtschaftlichen Zwanges. Nicht Zeitsouveränität, sondern Abhängigkeit hat sich multipliziert.

Die Arbeitskämpfe, in denen es nicht um Lohn geht, sondern um Arbeitsformen, nehmen zu. Der Arbeiter bei United Parcel Service streikten gegen vermehrte Teilzeit, australische Hafenarbeiter gegen wilde Leiharbeit. Die Arbeiter bei Ford und Chrysler in Kanada legten die Arbeit nieder, weil ihnen der Schutz der Gewerkschaften genommen werden sollte. Der Widerstand gegen die neoliberale Volksbeglückung wächst unmerklich.

Neben den alten „Unterschichten" entstehen ganz neue Randgruppen, und zwar solche, deren Lebenslagen auf der Kippe stehen vom „vorübergehend draußen" zu „dauernd draußen". Befindet sich der Praktikant auf der Zufahrt zur Erwerbsgesellschaft oder bereits auf dem Abstellgleis? „Generation Praktikant" ist eine neue Klasse, die im Unterschied zu ihrem Etikett nicht einen Lebensabschnitt bezeichnet, sondern eine Lebenslage.

Neu an der Entwicklung zu ungesicherten Arbeitsverhältnissen ist, dass die Mittelschichten betroffen sind. „Prekarisierung", das Wort, das Anfang der 80er Jahre in der französischen Soziologie mehr wie eine terminologische Orchidee auftaucht, wird zum Stachelbegriff, um den sich eine neue Empfindlichkeit für die unauffälligen neuen Formen der Ausbeutung bildet. Schneller, als den Lobhudlern des Neoliberalismus und ihren etablierten Auftraggebern lieb ist, sammelt sich hier ein Konfliktpotential, das sehr wohl in der Lage ist, „die Massen zu ergreifen", weil selbst die, welche noch im sicheren Sattel ihrer Karriere sitzen, zu ahnen beginnen, dass im neuen Zeitalter der Flexibilisierung nichts mehr fest und sicher ist.

Der Proletarier aus der Frühzeit der Industrialisierung wird wieder reanimiert. „Von der Hand in den Mund leben" ist wieder angesagt.

Überall auf der Welt werden Arbeitnehmer auf die Reise zu den Arbeitsplätzen geschickt. Nicht die Maschinen werden zu den Menschen transportiert, sondern die Menschen fliegen hinter den Arbeitsplätzen her wie die Zugvögel hinter der Sonne. Ich sehe nicht, dass das Internet mit seinen Versprechen der Dezentralisierung der Arbeit den Strom der Arbeitsflüchtlinge gestoppt hätte. Das Programm der Dezentralisierung durch elektronisch vernetzte Arbeit ist bestenfalls ein Oberschichtenerlebnis. Das Massenschicksal einer Kollektivarbeit hat es nicht erfasst.

Der alte Willi Howard aus Arthur Millers „Tod eines Handlungsreisenden" sagt am Ende seines Lebens resignierend: „Sie können mich doch nicht auspressen wie eine Zitrone und dann die Schale wegwerfen. So kann man doch nicht mit einem Menschen umgehen." Doch John F. Welch, Großmanager von General Electric, der ungefähr das 1500-Fache der „Howards" verdiente, hat genau das als Generalmaxime empfohlen: „Presse ihn aus wie eine Zitrone".

Willi Howard und seine Leidensgenossen haben nie Thomas von Aquin gelesen, schon gar nicht Aristoteles studiert. Aber dass John Welch ungerecht ist, das wissen sie felsenfest, und kein kluger, neoliberaler Professor und kein noch so flott-moderner Politiker wird es ihm ausreden können.

Exkursion: Betriebstreuer Adolf

Onkel Adolf, überzeugter Kommunist von Jugend an bis zu seinem seligen Ende, war 50 Jahre lang bei Opel in Rüsselsheim beschäftigt. Zwischendurch von den Nazis abgeholt und ins KZ gebracht, nach Kriegsende wieder an seinen Arbeitsplatz zurückgekehrt, schimpfte Adolf auf Kapitalismus, Faschismus, Imperialismus etc. Aber auf seine Jubiläumsurkunde, in der er für 50 Jahre treue Dienste in der Firma Adam Opel AG gelobt wurde, war er stolz. Ja, auf seinen Arbeitsplatz und seine Arbeitskollegen ließ Adolf Schmidt nichts kommen. Sein Kommunismus ist heute – Gott sei Dank – veraltet. Seine Vorstellung von Betriebstreue – leider Gottes – auch. Treue zum Betrieb, gar 50 Jahre an einem Arbeitsplatz – was für ein einfallsloser Trottel ohne jede Initiative und Kreativität muss denn ein solcher Mensch in den Zeiten der Mobilität und Flexibilität sein?

4. Kostensenkung

Wenn Globalisierung eine Olympiade ist, auf welcher der Billigste gewinnt, müssen wir wieder die Kinderarbeit einführen, um mithalten zu können. Kinderarbeiter sind nämlich die kostengünstigsten Arbeiter. Wenn der Billigste gewinnt, müssen wir die Sozialstandards des von den Globalplayern bewunderten China übernehmen. 6000 tote Bergleute Jahr für Jahr in China. Soll das auch der Standard des Arbeitsschutzes in Deutschland werden, damit wir konkurrenzfähig bleiben? Verseuchte Flüsse: alle drei Monate ein neuer Fluss, dessen Wasser für Mensch und Tier ungenießbar ist.

John Gray, einst Cheftheoretiker von Margaret Thatcher, ist aus der neoliberalen Phalanx ausgeschert, der er „falsche Verheißungen" vorwirft. Die Logik der Kostensenkung mit globalem Alibi zieht nach unten. In Analogie zu dem Greshamschen Gesetz in der Nationalökonomie formuliert Gray:

„Auf dem freien Weltmarkt lässt sich eine Variante dieses Gesetzes beobachten: Schlechte Formen des Kapitalismus verdrängen gute". Wenn der Billigste der Beste ist, dann gerät der Lohn in den freien Fall.

Steilmann, ein angesehenes nordrhein-westfälisches Textilunternehmen mit großen Verdiensten für den regionale Sport und die heimische Kultur, investierte nach der Wende in Chemnitz. Kaum waren dort die Arbeitsplätze geschaffen, entdeckten die Firmenstrategen noch billigere Arbeitskräfte in Ungarn, also wurde umgesiedelt. Dort angekommen lockte Weißrussland mit noch kostengünstigerer Arbeit. Wie Kimble – immer auf der Flucht – agieren die Kostensenker: Immer an einen neuen Ort, nachdem sie am alten die Spuren verwischt haben.

„Made in Germany" war nie ein Zeichen für Billigware. Intelligente Produkte, hohe Qualität und Service war unser Markenzeichen. Unser Wirtschaftswunder verdanken wir nicht Lohndumping. Der Wettbewerb untereinander war keine Lohnunterbietungskonkurrenz. Das verhinderten die Tarifverträge, welche die Lohnentwicklung nach unten abriegelte. Es blieb gar nichts anderes zur Profilierung als Qualität und Innovation: das war unser Glück. „Made in Germany" war ein Qualitätssiegel. Die einfachen Produkte, herstellbar in Massenserien und mit relativ unqualifizierten Arbeitern, sind in der Dritten Welt billiger zu haben. Und das ist auch gut so. Anders als durch Arbeit kommen die Armen nicht aus dem Elend. Almosen verschwinden in einem Fass ohne Boden.

Ausbeutung ist kein Wort aus Vorzeiten. Es beschreibt, was auf der Welt an vielen Stellen geschieht. „Ausbeuter" sind nicht irgendwelche krummen kriminellen Gestalten, sondern hoch angesehene Leute, sogar mit eindrucksvollen Spenden auf Wohltätigkeitsgalas. Zwischen zwei Charity-Veranstaltungen schaffen manche sogar noch zwei Betriebsstilllegungen oder wahlweise eine Schönheitsoperation. Ins Ausbeutungsgeschäft sind angesehene Firmen verstrickt. Der Adidas-Zulieferer Hermosa lässt in El Salvador Arbeiterinnen bis zu 20 Stunden am

Tage arbeiten. Samstag und Sonntag wird gearbeitet. Wer aufmuckt, wird gefeuert. Adidas wurde über die Missstände durch die Christliche Initiative Romero informiert. Geschehen ist nichts („Metall", Juli/August 2006). Wahrscheinlich sind die Adidas-Bosse noch mit der Abrechnung ihrer Gewinne von der Fußball-Weltmeisterschaft 2006 beschäftigt. Fußball-Stars sind wichtiger als arme Arbeiterinnen.

Die Logik der Kostensenkung ist offensichtlich erst am Ziel, wenn die Arbeiter noch Geld mitbringen und den Arbeitgeber entlohnen.

Tatsächlich sind wir beim „Ball paradox" schon angekommen. Call-Center verlangen für manche Stellen eine „Kaution" vor der Einstellung. Wer innerhalb eines Jahres die Firma verlassen muss, verliert die Kaution. Sie wird als Einarbeitungszuschuss verrechnet bzw. unterschlagen.

Die Strategie der Kostensenkung arbeitet mit einer Bewusstseinsspaltung. Die externen Folgen interner Kostenersparnis werden abgespalten und unterschlagen. Betriebswirtschaftliche und volkswirtschaftliche Effizienz klaffen ebenso auseinander wie ökonomische und ökologische.

Stoffteile werden in der Schweiz zugeschnitten, auf Lastwagen nach Portugal transportiert, in Portugal zusammengenäht, auf Lastwagen in die Schweiz transportiert und in der Schweiz als Unterhosen etc. verkauft. Pro Ladung verdient der clevere Unternehmer 20.000 Franken. Die Arbeiterinnen in Portugal sind billiger. Pro Transport verbraucht der Lastwagen allerdings 1600 Liter Dieselkraftstoff. Die Lohnkostenersparnis wird betriebswirtschaftlich abgebucht, die Belastung der Umwelt und die Bereitstellung der Infrastruktur bezahlt die Allgemeinheit. So etwas ist „neoliberale Lastenverteilung" oder Schizophrenie der Kostensenkung zu bezeichnen. Die Volkswirtschaft bezahlt, was die Betriebswirtschaft durch Kostenexternalisierung gewinnt. Anschließend klagen Verbandsfunktionäre der Arbeitgeber über zu hohe Steuerbelastung der Unternehmen.

Die extrem niedrige Besteuerung in Ländern, die der Europäischen Union neu beigetreten sind, werden auch durch Subvention aus den Brüsseler Kassen ermöglicht, die von den Ländern gefüllt werden, von denen Arbeitsplätze der günstigeren Steuerbedingungen wegen in diese neuen Länder verlagert werden.

Der forcierte Niedriglohn führt entgegen den Proklamationen nicht zu mehr Wettbewerb und Arbeitsplätzen, sondern zu guter Letzt zu mehr Staat, denn der Niedriglohn erzwingt am Ende die existenzsichernden Lohnsubventionen des Staates. Die Hälfte der amerikanischen Fürsorgeempfänger haben einen Job, können aber davon nicht leben, also ergänzt der Staat den Lohn durch Fürsorgezuschüsse. In der Logik dieses Lohnsystems liegt: „Geh gleich zum Staat und verzichte auf den Umweg über Arbeit, dann ist das Lebenseinkommen auch nicht niedriger."

Das Ende der Tarifautonomie führt entgegen neoliberaler Propaganda zu mehr Staat. Goethes Zauberlehrling weiß, was es bedeutet. „Die Geister, die ich rief, werd ich nun nicht los."

Lohnsenkung ist das Zauberwort, das alle Probleme lösen soll, jedenfalls in den neoliberalen Märchen. Helmut Schmidt warb einst bei den Gewerkschaften für gewinnsteigernde Lohnzurückhaltung mit der Formel: „Gewinne von heute sind die Investitionen von morgen und die Arbeitsplätze von übermorgen." Mit dieser Empfehlung kann heute keiner mehr kommen, es sei denn, er hat die Chuzpe, seine Zuhörer auf den Arm zu nehmen. Die Maxime „je höher der Gewinn, umso größer die Entlassungszahlen", ist realitätsnäher. Es hat sich jedenfalls für die Arbeitnehmer die Lohnzurückhaltung nicht „gelohnt". Die Reallöhne sind im letzten Jahrzehnt stehen geblieben, die Gewinne davonmarschiert. Die schmidtsche Weisheit wurde auf den Kopf gestellt. Der Leitwolf Deutsche Bank macht es vor. Rekordgewinn und Rekordarbeitsplatzabbau.

Inzwischen wird auch hierzulande jene soziale Schamgrenze nicht mehr geachtet, die sicherstellt, dass Lohn den Lebensunterhalt gewährt. Norbert Walter, der schon zitierte Chefvolkswirt der Deutschen Bank, erzählt denn auch in schöner Offenheit, was in deutschen Vorstandsetagen offenbar inzwischen gedacht wird: „..., dass manche von uns wegen des intensiven Wettbewerbs mit Mittel- und Osteuropa nicht so viel verdienen werden, wie sie in Deutschland zum Überleben brauchen. Dann kann es sein, dass zwei oder drei Mitglieder einer Familie arbeiten müssen, damit es zum Leben reicht." („Volksstimme Magdeburg" vom 11.02.2005).

Zurück in die Frühzeit der Industrialisierung, als in den proletarischen Familien alle arbeiten mussten, damit keiner verhungerte, das ist also die Reiseempfehlung von Walter und den Seinen. Ist eine allgemeine Familienarbeitspflicht das, was von der Emanzipation übrig geblieben ist?

Und nochmals Walter: „Wir brauchen nicht auf polnisches oder rumänisches Niveau, aber wir müssen von unserem extrem hohen Niveau runter." An wen richtet Walter seine Empfehlung? An seinen Chef Ackermann?

Ich habe im Übrigen noch von keinem jener Manager, die rumänische Löhne bewundern, gehört, dass er seine Kinder in rumänische Schulen schicken würde oder damit einverstanden wäre, dass die hiesigen Straßenverhältnisse den rumänischen angepasst werden oder dass seine Ehefrau in einem rumänischen Krankenhaus ihr Kind zur Welt bringt.

„Löhne runter!", dieses Patentrezept gegen Arbeitslose wird seit Jahren geschrieen und verschrieben. Durch Wiederholung erhält es inzwischen den Status einer unumstößlichen Wahrheit. Es ist wie bei primitiven Formen der Gehirnwäsche: Der Delinquent wiederholt so lange einen Satz, bis er selber daran glaubt. Da Wahrheit als Übereinstimmung der Erkenntnis mit der Realität gilt, kann das falsche Bewusstsein nur durch Konfrontation mit den Fakten gestört werden. Die Politik der Lohnzurückhaltung, die in den 90er

Jahren zu massiven realen Einkommensverlusten der Arbeitnehmer von bis jährlich 2 Prozent führte, hat sich nicht gelohnt. Die Arbeitslosigkeit stieg. Länder mit höheren vergleichbaren Lohnkosten kamen mit der Arbeitslosigkeit besser zurecht. Norwegen zum Beispiel mit rund 8 Prozent höheren Lohnkosten hatte eine nur fast halb so hohe Arbeitslosigkeit, Schweiz mit gleichen Lohnkosten weniger als die Hälfte der deutschen Arbeitslosenquote.

Es mag viele Gründe dafür geben, aber keiner rechtfertigt die Schlichtheit, mit der hierzulande den Löhnen alles in die Schuhe geschoben wird, was die Arbeitslosigkeit ausmacht. Wenn es an dem Preis der Arbeit läge, dass wir zurückgefallen sind, dann gibt es keine Erklärung dafür, dass wir Rekord-Export-Weltmeister sind. Der Unsinn, dass dies mit der Basar-Ökonomie zusammenhinge, die uns mit billigen Zulieferern aus den östlichen Nachbarländern versorgt, kann selbst Professor Hans-Werner Sinn nicht mehr vertreten, weil er für seine Behauptung mit der Tatsache nicht zurechtkommt, dass der Export in diese Länder stärker gestiegen ist als der Import aus diesen Ländern.

Der langen neoliberalen Rede kurzer Sinn heißt: „Kostensenkung". Befreit man die resonanzreiche, damals viel beachtete Ruck-Rede von Bundespräsident Herzog von allen rhetorischen Dekorationen, bleibt als harter Kern auch nur die Botschaft: „Kostensenkung". Hätte ich einen Papagei, so würde ich ihn die Kurzfassung der Reden des Präsidenten der Bundesvereinigung der deutschen Arbeitgeberverbände, Hundt, aufsagen lassen. Mein Papagei müsste dazu nur ein Wort auswendig lernen: „Kostensenkung".

Einen Arzt, dessen Medikamente nicht nur nicht wirken, sondern sogar das Gegenteil von dem bewirken, für das sie eingenommen wurden – das Fieber steigt bei fiebersenkenden Tabletten –, diesen Arzt würde ich wechseln. Das einfache Rezept der Kostensenkung hat das Fieber der Arbeitslosigkeit steigen lassen.

Exkursion: Gute Reise!

In Dhakar, der Hauptstadt von Bangladesch, eines der ärmsten Länder dieser Erde, traf ich eines Abends auf der Party eines deutschen Landsmannes, der dort sein Geld verdient, den Vertreter eines großen deutschen Versandhauses.

Der Monsunregen hatte wieder einmal die Stadt überflutet. Im Ganges-Bramaputra-Delta waren – wie so oft bei diesen Überschwemmungen – Land und Leute samt dazugehörigen Blechhütten von den Fluten davongetragen worden und in den Fluten versunken. Entweder kommt der Monsunregen zu früh, lässt das Land unter Wassermassen versinken, oder er kommt zu spät, dann trocknen die Reisfelder aus und die Ernte entfällt. In beiden Fällen trifft es die Armen und Elenden, die es in Bangladesch zuhauf gibt.

„Die Ware ist gut, die Textilarbeiterinnen fleißig und billig", raunte mir mein Landsmann vom Versandhaus zwischen zwei Schlückchen aus dem Sektglas zu. „Und Gewerkschaften machen auch keinen Ärger ..., die gibt es ja hier Gott sei Dank nicht – ha, ha". Na dann: „Prost", und dann setzte er noch einen drauf: „Wir gehen jetzt nach China. Da sind die Textilarbeiterinnen noch billiger".

„Gute Reise", sagte ich.

Billiger? Die Näherinnen verdienen in Dhakar und Umgebung 1 Dollar pro Tag. Wer soll denn eigentlich die Klamotten kaufen, wenn niemand genug verdient, um auskömmlich leben, essen, trinken, wohnen zu können? Die Wohlhabenden der Welt würden in der Regel auch nicht mehr als ein T-Shirt pro Tag tragen. Was dann, wenn mehr Shirts genäht als gekauft werden? Vielleicht kann man den Wohlhabenden noch einreden, ihr Hemd stündlich zu wechseln. Und dann?

Da war der alte Ford klüger. Der wusste, er konnte nur reich werden, wenn seine Arbeiter sich das Auto leisten konnten, das sie bauten. „Autos kaufen keine Autos", wusste Ford. Kaufen Hemden Hemden?

5. Privatisierung

Der real existierende Sozialismus war die real gewordene Monopolisierung der Macht. Gewaltenteilung zwischen Exekutive, Legislative und Judikative war abgeschafft. Alle Macht lief in den Händen der Partei zusammen. „Die Partei hat immer Recht."

Wirtschaftliche und politische Macht wurden im real existierenden Sozialismus vereint und damit potenziert. An die Stelle der Utopie von der herrschaftsfreien, klassenlosen Gesellschaft trat die Realität von Machtmonopol und eine verfilzte Bonzokratie. Privater und öffentlicher Sektor wurden fusioniert. Die Öffentliche Hand ergriff alles und erreichte den Menschen bis in die entferntesten Winkel seines Lebens und am letzten Zipfel seines Gewandes. Selbst das Denken wurde staatlich reglementiert und notfalls mittels Gehirnwäsche von allen privaten Regungen gesäubert. Das jedenfalls war das ideologische Soll, das freilich nie total erreicht wurde, so sehr sich auch der Totalitarismus anstrengte.

Alles Private sollte eliminiert, der Mensch „veröffentlicht" werden. Das war das Ziel.

Mit dem Zusammenbruch des Sozialismus setzte die neoliberale Gegenrevolution ein. Jetzt sollen alle Gewässer in die entgegengesetzte Richtung fließen und über private Mühlen geleitet werden. „Hurra, wir versteigern den Staat!" ist der Freudenschrei der Neoliberalen. Alles Öffentliche soll offenbar pulverisiert werden. Das ist die neoliberale Variante des Totalitarismus. Staat und Gesellschaft werden privatisiert. Damit wird im Neoliberalismus wie im Sozialismus die spannungsreiche, freiheitssichernde Dualität zwischen öffentlicher und privater Sphäre geschwächt. Im einen Fall zu Gunsten der privaten, im anderen zu Gunsten der öffentlichen Sphäre. In der mittelalterlichen Zwei-Schwerter-Lehre war das Element der Freiheitssicherung durch Machtverteilung zwischen Kaiser und Papst grundgelegt. Die Kompetenzaufteilung zwischen

Staat und Privat kennt – wie die ehemalige zwischen Staat und Kirche – viele Übergänge und gemischte Zonen. Diese beseitigen jedoch nicht die prinzipielle Polarität, die zwischen Staat und Privatraum gilt. Privat und öffentlich sind unterschiedliche Kompetenzräume. Es darf so wenig alles veröffentlicht wie alles privatisiert werden. Das Wechselspiel von privat und öffentlich schafft beidseitige Rückzugsmöglichkeiten. Der Sozialismus konnte keine eigentlich privaten Räume dulden, weil sich darin Widerstandsnester gegen seine Allzuständigkeit hätten bilden können.

Im Neoliberalismus dagegen ist der Staat ein zu überwindendes Relikt, das der freien Entfaltung des Individuums im Wege steht.

Der Staat schrumpft auf eine Restgröße, die bestenfalls mit der Wach- und Schließgesellschaft vergleichbar ist, die vor Verbrechen schützt oder mit dem Verkehrspolizist, der dafür sorgt, dass der Verkehrsfluss nicht behindert wird. An die Stelle der öffentlichen Verantwortung tritt die private. Eigenverantwortung wird zur allgemeinen Richtgröße. Wie die neoliberale Radikalkur wirkt, hat der Hurrikan „Katrina" in New Orleans vorgeführt. Die vielen Eigenverantwortlichen setzten sich in ihre eigenen Autos und fuhren davon. Die armen Daheimgebliebenen versanken mitsamt ihren Hütten in den Fluten. Die Weltordnungsmacht USA war nicht in der Lage, im eigenen Land eine Ordnung wenigstens der Lebenssicherung zu halten. An den Phrasen der Neoliberalen konnte sich niemand festhalten, als die Wassermassen die Stadt unter sich begruben.

In der Endzeit des *Imperium Romanum* gab es ähnliche Entwicklungen. Als die Bürger Roms die *res publica* nicht mehr anerkannten, begann der Zusammenbruch als Implosion der öffentlichen Macht.

Doch zwischen Privatunternehmen und Staat bestehen fundamentale Differenzen. Wenn die Firma in Schwierigkeiten gerät, entledigt sie sich beispielsweise der Arbeitnehmer.

Der Staat kann keinen Staatsbürger entlassen. Er hat für alle Bürger Verantwortung. Das übersehen Neoliberale, weil sie die ganze Welt als Unternehmen sehen.

Sicherheit

Die Privatisierung breitet sich aus wie ein Lavastrom, drängt den Staat selbst aus jenen Bereichen zurück, die ihm seit je her unbestritten zustehen.

Das Gewaltmonopol des Staates beendete einst die Anarchie und garantierte die Sicherheit der Bürger. Dieses Gewaltmonopol wird wieder zurückgedrängt.

Sicherheit vor Verbrechen liefern private Anbieter. Private Wachdienste übernehmen Polizeiaufgaben und bisweilen sogar die Funktion von Militär.

Die Finanzierung der privatisierten Staatsfunktion läuft mancherorts über Drogen und Waffenhandel. Die Kriminalität ernährt ihre Kinder.

Die aufgerüsteten privaten Armeen sind die neuen Streitmächte in der schon privatisierten Welt. Der russische Erdölkonzern Gasprom beschäftigt zum Selbstschutz ein Heer von 20.000 Personen, besser bezahlt und ausgerüstet als die russische Armee, der die Soldaten abgeworben wurden. BP, British Petroleum, richtete einen privaten Sicherheitsdienst zum Schutz seiner Erdölförderung in Kolumbien ein, der vor Ort mehr Macht hat als Polizei und Armee zusammen.

Die Kontrollen an nationalen Grenzen sind in schwachen Staaten lascher als die Kontrollen beim Betreten starker Unternehmen in heruntergekommenen Staaten. Söldnertruppen vagabundieren um die Welt und bieten ihre privaten Dienste jedem an, der sie bezahlen kann. Angebot und Nachfrage bestimmen den Preis. Die Privatisierung der Volkssicherheit ist ein lukratives Geschäft, ein Wachstum von 50 Prozent in fünf Jahren bietet beste Profitperspektiven.

Das globale Brutto-Kriminal-Produkt wird auf 1 Billion Dollar geschätzt. Wie groß dieses Geschäftsvolumen ist, zeigt der Vergleich mit dem Brutto-Sozial-Produkt Afrikas, das nur rund ein Drittel dieser Summe beträgt, nämlich 300 Milliarden Dollar.

Private Sicherheitsdienste sind eine boomende Zukunftsbranche. In den Vereinigten Staaten übertrifft der Etat für private Sicherheitsdienste inzwischen die Gesamtausgaben für die Polizei. Das Verhältnis zwischen privaten Sicherheitspersonen und staatlichen Polizisten beträgt 3:1. In der Dritten Welt gehören Polizisten zu den am schlechtesten bezahlten Staatsbediensteten und beschafften sich deshalb das fehlende Einkommen zum Überleben, indem sie als ein Teil der Banden fungieren, die sie eigentlich bekämpfen sollen.

Sicherheit ist nicht mehr staatliches Allgemeingut, sondern wird zunehmend ein einkommensspezifisches Reservat, das sich bereits in einer eigenen Raumkultur manifestiert. 10 Millionen Menschen leben in den Vereinigten Staaten in geschlossenen, privat bewachten Gebieten. Die Parzellierung der städtischen Zivilisation erfolgt anhand abgesteckter, privat gesicherter Räume. Die Reichen haben sich in gut bewachte Gettos zurückgezogen. Diktatoren überlassen ihre schmutzigen Geschäfte gerne privaten Handlangern, die weniger auffallen. Pinochet ließ bei „Colonia dignidad" foltern, einer deutschen Niederlassung, die unter religiösem Deckmäntelchen von dem Siegburger Paul Schäfer ins Leben gerufen worden war und für ihre „Ordnung und Sauberkeit" auch in Deutschland Bewunderer gefunden hatte.

Eine neue Apartheid spaltet die Gesellschaft. Das Leben in den sich selbst überlassenen Armutsvierteln wird von keinen staatlichen Institutionen in Ordnung gehalten. Die öffentliche Ordnung ist privatisiert. Das ist das neoliberale Paradies der Hölle. Und da schwärmen die neoliberalen Professoren auf ihren gut dotierten Lehrstühlen von dem wohlstandsfördernden Rückzug des Staates.

Es bleibt die Aufgabe des Staates, das Wohl aller zu sichern. Keine Privatisierung nimmt ihm dieses Geschäft ab.

Die Staatsdemontage in den armen Ländern lässt die Korruption wuchern. Die Reste des Staates versinken in Kriminalität und Schuldenschlamm. Wie die Piranhas lassen die Privatisierer nur das abgenagte Gerippe des Staates übrig.

Auch in den reichen Ländern lohnt sich Privatisierung, jedenfalls für das „obere Personal". Der Wechsel vom öffentlichen Amtsträger zum Geschäftsführer schafft nicht nur Einkommensvorteile. Die rechtlichen Risiken eines Geschäftsführers sind geringer als die der Amtsträger. Der erste ist den Eigentümern verantwortlich, der zweite der Allgemeinheit. Die in den Kölner Müllskandal verwickelten Geschäftsführer Ulrich Eisermann und Siegfried Michelfelde kämpften deshalb mit allen rechtlichen Mitteln vor Gericht, um als „Geschäftsführer" und nicht als „Amtsträger" eingestuft zu werden. Die Strafen für ihre Mauscheleien wurden so „billiger". Die Kölner Abfallentsorgung und Verwertungsgesellschaft AV GmbH ist zwar zu 74,9 Prozent in den Händen der Stadt, aber ihr rechtlicher Mantel ist privatrechtlicher Natur. Alles hat seinen privaten Sinn und ist gut ausgedacht.

Die Privaten dirigieren den Staat. Das ist die Umkehrung der sozialistischen in die kapitalistische Planwirtschaft. Private Rating-Agenturen entscheiden nicht nur über die Zukunft von Unternehmen, sondern auch über die Kreditwürdigkeit von Staaten, die Hilfe von der Weltbank oder dem Internationalen Währungsfond erbitten.

Rating-Agenturen, die Stellwerksmeister

Der Weltwirtschaft mangelt es zunehmend an öffentlichen Ordnungsfaktoren, ohne die Volkswirtschaften nie funktioniert hatten. Einflussreiche Privatagenturen übernehmen die Stellwerksfunktion für die internationalen Finanz- und Kapitalströme. Platzanweiser in der globalen Vorstellung der Finanzströme sind die internationalen Rating-Agenturen. „Vorsichtigen Schätzungen zufolge ist davon auszugehen, dass Moodys und Standard Poors über die von ihnen erfüllten Ratings den Fluss von rund 80 Prozent des Weltkapitals kontrollieren" (Financial Times, 19.04.2000). Die großen Rating-Agenturen entscheiden inzwischen auch über staatliche Kreditwürdigkeit von Schwellen- und Entwicklungsländern, welche die privaten Kapitalmärkte zur Finanzierung ihrer Staatsausgaben heranziehen. Je nachdem, ob die Rating-Agenturen den Daumen heben oder senken, entscheidet sich das Schicksal der Staaten, die ums Überleben kämpfen. Wer kontrolliert die Kontrolleure? Der Markt hält sie nicht in Schach. Die drei großen Rating-Agenturen haben den Kuchen längst aufgeteilt.

Die Rezepte des IWF und der Weltbank zielen auf Reduzierung staatlicher Aktivität und die Einebnung von staatlicher Autorität. Das ist eine Medizin nach Art von Doktor Eisenbart, der die Krankheit beendet, indem er den Patienten tötet.

Die Weltbank ist selbst ein Zwitter zwischen öffentlich und privat. Einerseits UN-Organisation, andererseits Bank unter Führung der Vereinigten Staaten von Amerika.

Großbanken initiieren Großprojekte in der Dritten Welt, für welche Staaten einspringen müssen, wenn es schief geht. Anschließend verhandeln die Staaten mit diesen Banken über Erlass von Schulden, deren Verursacher die Banken selbst sind. „Wieso", fragte mich der Finanzminister von Benin, „soll ich bei der Weltbank für Schulden von Projekten eintreten, vor denen ich gewarnt habe?"

Wasser

Wasser ist ein kostbares Gut. Der Mensch kommt ohne Wasser so wenig aus wie ohne Luft. Auch Menschen ohne Geld brauchen Wasser.

Die Privatisierung unterwirft weltweit auch das Wasser ihren Verwertungskriterien. In Argentinien führte das dazu, dass die öffentliche Wasserversorgung vom neoliberalen und korrupten Präsidenten Menem privatisiert wurde. Die Wasserversorgung der Hauptstadt ging 1993 an das Konsortium Aguas Argentinas, hinter dem sich die französischen Konzerne Suez und Veolina versteckt hatten. Der Konzern hatte die billigsten Tarife und den schnellsten Ausbau des Wasserrohrnetzes versprochen und deshalb mit Hilfe von Freund Menem das Ganze gratis erhalten. Die Weltbank hat der Privatisierung wie gewohnt mit sanftem Druck nachgeholfen, indem sie einen notwendigen Kredit für den Ausbau des Wassernetzes der sich ausbreitenden Hauptstadt an die Bedingung der Privatisierung band. Die neuen Eigentümer senkten wie zugesagt die Tarife um 26,9 Prozent. Das kann man allerdings nur als Erfolg der Privatisierung bezeichnen, wenn man vergisst, dass zur Vorbereitung der Privatisierung die Wasserpreise in zwei Jahren dreimal angehoben worden waren, und zwar um 25 Prozent, 29 Prozent und 8 Prozent. Außerdem wurde die Mehrwertsteuer auf Wasser eingeführt. Am Ende waren die Wasserpreise um 140 Prozent gestiegen.

Der private Versorger klagte aber schon ein Jahr später über zu niedrige Tarife. Die Kontrollbehörde gab dem Drängen nach. Schließlich hängt auch der Etat der Kontrollbehörde von der Wasserrechnung von Aquas Argentinas ab. So wäscht eine Hand die andere. Private Anbieter und staatliche Aufsicht stecken unter einer Decke.

Ohne starken Rechtsstaat ist die Privatisierung ein anderes Wort für private Bereicherung auf Kosten öffentlicher Verarmung. Die Geschichte des Weltbank-Vorzeigemodells Aquas Argentinas ist eine Story von Preiserhöhung, Unterlassung zugesagter Investitionen, Umweltverschmutzung aufgrund nicht gebauter Kläranlagen. Die Weltbank, Teileigentümer des Unternehmens, hat den Skandal nicht nur nicht gestoppt, sondern getoppt. Sie entsandte einen ihrer Leute,

Ventura Bengoechea, in den Vorstand. Das tat allerdings dem Bereicherungsgeschäft keinen Abbruch. Er tanzte fortan auf mehreren Hochzeiten, dem der Weltbank und der Eigentümer. Wo auch immer: die Musik bezahlten die Armen. Das argentinische Beispiel ist nur ein Glied in der langen Kette der Ausbeutung der Armen mit Hilfe der Privatisierung.

In Südafrika führte die privatisierte verteuerte Wasserversorgung in einigen Landesteilen dazu, dass statt des sauberen, aber zu teuren Wassers wieder schmutziges Wasser aus Seen und Flüssen getrunken wurde. Eine Rückkehr der Cholera war die Folge, an der Hunderttausende von Menschen erkrankten.

Die Kosten der Bekämpfung der Epidemie waren höher als das Geld, das die Gemeinden durch Privatisierung gespart haben. Das ist die Milchmädchenrechnung der Privatisierung.

Der Kampf ums Wasser wird der nächste globale Konflikt sein. Es bestehen alle schlechten Aussichten, dass er an Härte und Gewalt den Kampf ums Öl übertreffen wird. Der Durst nach Wasser quält die Menschen noch mehr als der Bedarf der Autofahrer an Benzin. Die BP, Shell etc. des Wassers bereiten sich schon still auf den nächsten lautlosen Weltkrieg vor. Er wird vorerst waffenlos geführt. Wie er weitergeht, weiß man noch nicht. Die Privatisierung der Natur kennt immer weniger Grenzen.

Gene und Zelle

Auch andere lebenswichtige Ressourcen werden der allgemeinen Nutzung entzogen und unter privatwirtschaftliche Verwertungsgesetze gebracht. Unter dem Vorwand des „intellektuellen Eigentums" werden die elementarsten Kernbereiche des Lebens dem Zugriff der Privatisierung dargeboten. Die Waffe für diesen Angriff ist der Patentschutz. Der Patentschutz gibt dem privaten Unternehmen das Recht, andere von ihrer Erfindung ganz auszuschließen oder Lizenzgebühren zu verlangen. Damit wird das Patent zum exklusiven Schlüssel zur Kontrolle und Nutzung von Lebensprozessen. Was traditionelle Landwirtschaft oft über Jahrhunderte genutzt hat, ohne freilich wissenschaftlich begründen zu können, warum zum Beispiel bestimmte Pflanzenteile gegen Krankheiten halfen, wird von privatwirtschaftlichen Firmen nachträglich „erfunden" und zum Patent angemeldet. Die Erfindung ist eine wissenschaftliche Erklärung, wofür Sammler, Hirten und Bauern nur Erfahrung geltend machen konnten. Die Patentierungen auf dem Saatgutmarkt hat die Unternehmenskonzentration verstärkt. Auf 28 Millionen Hektar werden inzwischen weltweit transgene Pflanzen angebaut. In der Hand haben diesen Markt ein paar Große, die in der Wahl ihrer Mittel, die Kleinen klein zu machen und die Bauern in ihrer Hand zu behalten, nicht zimperlich sind. Die Firma Monsato beherrscht 88 Prozent des transgenen US-Saatgutmarktes. Monsato besitzt das Patent für eine bestimmte gentechnisch-manipulierte Soja-Sorte. Landwirte, die dieses Saatgut kaufen, müssen einen Vertrag unterschreiben, dass sie aus der Ernte kein eigenes Saatgut abzweigen und nur Monsato-Herbizide auf ihrem Hof verwenden. Saatgut aus eigener Ernte zu gewinnen, gehört zum Jahrtausende alten „Bauernstolz". Das wird den Bauern jetzt mit harter Hand ausgetrieben. Monsato hat Detektive eingesetzt, damit auch keiner seiner Kunden aus der Spur läuft. Verfeinert wird das neue Lehenssystem, indem eine Tochterfirma von Monsato, nämlich Delta & Pineland, ein Verfahren patentieren ließ, mit dem nicht die Ernte verbessert wird, sondern nur die Kontrolle über den „Ernter". Mit Hilfe des Verfahrens können die Eigenschaften der lebenswichtigen Gene an einen Gen-Schalter gehängt werden, der ein- und ausschaltbar ist. Die einschlägigen Unternehmen können auf diese Weise die vitalen Pflanzeneigenschaften manipulieren und kontrollieren. Die Bauern sind wehrlos. Die Firma hat inzwischen auf diese chemische Knebelung der Bauern verzichtet. Aber die anderen Großen forschen mit Eifer an der Methode, mit der der „große Bruder" jetzt auch seine Herrschaft auf jenen Bereich der natürlichen Ressourcen ausdehnt, die im Bewusstsein der Menschheit kein privater Besitz sind, sondern zum Intimbereich der Mutter Natur gehörten.

Soziale Sicherheit

Die fetteste Beute der neoliberalen Ideologen ist die Privatisierung der sozialen Sicherungssysteme. Die Gier der Privatversicherung, die Sozialversicherungen zu fleddern, setzt alle Hemmungen außer Kraft. Mit Lügen, Tricks und bezahlten Agenten wird eine Kampagne inszeniert, die den Zusammenbruch der Sozialversicherung an die Wand malt. Man reibt sich verwundert die Augen, wenn man sieht, welche Bewegung entstanden ist, die alles Heil in der Privatversicherung sieht. Das kann nur das Ergebnis einer kollektiven Gedächtnisschwäche sein. Ist denn alles vergessen, was die Privatversicherung an nicht gehaltenen Versprechen in Vergangenheit und Gegenwart zu bieten hat?

Es lockt weltweit ein Billionen-Geschäft. Da setzt dann schon mal die Erinnerung an privatwirtschaftliche Skandale aus. Wenn beispielsweise hierzulande die Privatversicherung nur 10 Prozent von dem Geldstrom abzweigt, der in die gesetzliche Rentenversicherung fließt, hat die Privatversicherung schon jährlich 20 Milliarden Euro hinzugewonnen. Da lohnt es sich, in die Tasche zu greifen, ein paar hundert Millionen für Kampagnen zu spendieren, in denen Wissenschaftler und Journalisten vor den Karren des Geschäftes gespannt werden.

Von Fakten gestützt kann die Privatisierungsempfehlung nicht sein, denn an keiner Stelle der Welt bringt eine private, gewinnorientierte, verwaltungsaufwändige Privatversicherung zustande, was eine Solidarversicherung schafft.

Wenn hierzulande die Beiträge in der gesetzlichen Krankenversicherung so gestiegen wären, wie sie in den letzten Jahren in der privaten Versicherung gestiegen sind, dann wäre jetzt der durchschnittliche Beitragssatz in der gesetzlichen Krankenversicherung bei 18 Prozent angekommen.

In den letzten acht Jahren sind die durchschnittlichen Beiträge in der gesetzlichen Krankenversicherung um 1,6 Prozent gestiegen.

In der „Gothaer" um 9,4 Prozent, in der „Hanse-Merkur" um 8,7 Prozent, bei „Inter" um 8,6 Prozent, in der „DBV" um 7,7 Prozent, bei „Barmenia" um 6,9 Prozent, bei der „Allianz" um 6,7 Prozent und bei der „Union" um 6,2 Prozent ...

Über die Beitragssteigerung in der Privatversicherung spricht niemand. Über die in der gesetzlichen befinden sich im Wirtschaftsteil jeder Tageszeitung ausführliche Berichte, und wenn die nicht reichen, schlägt die Presse Katastrophenalarm. Das nutzt schließlich den Anzeigenkunden aus der Privatversicherung. Die junge Generation wird vor den Wagen der Privatversicherung gespannt, als sei die Sozialversicherung der Ausbund des Generationenbetrugs. Meine Eltern zahlten zur Rentenversicherung 5 Prozent Beitrag. Ihre Enkel rund 10 Prozent (Arbeitnehmeranteil). Trotz halb so hoher Beitragsbelastung meiner Eltern ist der Lebensstandard ihrer Enkel etwa doppelt so hoch. Es kommt auf das verfügbare Einkommen an. 5 Prozent von 1000 Euro lassen weniger übrig als 10 Prozent von 2000 Euro.

Die privaten Alterssicherungssysteme sind mit Altersarmut verbunden, wie auch die Alterssicherungsreformen im Großbritannien von Margaret Thatcher zeigen: Sie hatten einen kräftigen Anstieg der Altersarmut zur Folge. Und anders wird es auch in Deutschland nicht sein, wenn mit neoliberalen Scheuklappen Sozialpolitik gemacht werden soll. Wer die Solidarität zerstört, landet in einem Sozialstaat, der als Armenhaus eingerichtet ist.

In Sachen Sicherheit schneidet im Systemvergleich die

Privatversicherung schlecht ab. In der Inflation, bei Börsenkrach und unter Währungsturbulenzen kommt die Privatversicherung ins Schleudern. So war das immer, und so wird es auch bleiben. Von 112.000 Pensionskassen überlebten in den Vereinigten Staaten gerade mal 32.000. Das ist eine Überlebensquote von weniger als einem Drittel. So etwas ist in der Rentenversicherung noch nie passiert. Immer zahlte die Rentenversicherung zuverlässig selbst in Kriegs- und Nachkriegszeiten. Auch Flüchtlinge, Vertriebene und Heimkehrer konnten sich auf sie verlassen. Das kann man von der Privatversicherung nicht behaupten. Chile, das gelobte Land für Privatisierung der Alterssicherung, erlitt mit seiner von der Weltbank empfohlenen Kapitaldeckung Schiffbruch. Der schlau-gerissene Pinochet hatte allerdings seinen Soldaten das Weltbank-Projekt Privatisierung nicht zugemutet, was er den Arbeitnehmern aufgehalst hatte.

Weltweit wackeln die Pensionsfonds. Gerade bringt der Pensionsfonds von General Motors die Weltfirma in Bedrängnis, weil er seine Zusagen nicht halten kann. Bei dem siebtgrößten Unternehmen der USA, dem inzwischen in Konkurs gegangenen Energieriesen Enron, verloren die Mitarbeiter 1,2 Milliarden Dollar an Aktienwerten, die sie für ihre Altersversorgung angespart hatten. Die Top-Manager, die das Desaster verursacht hatten, sind dagegen so clever gewesen, ihre Aktien rechtzeitig abzustoßen und dabei rund 1 Milliarde Dollar abzukassieren. Nebenbei bemerkt: McKinsey war seit 1987 bei Enron im Beratungsgeschäft und protzte damit, bei Enron besonders erfolgreich gewirkt zu haben (Thomas Leif).

Die Deutsche Einheit hätte rentenpolitisch kein kapitalgedecktes System geschafft. Nur das Umlagesystem unserer Rentenversicherung war in der Lage, vier Millionen Rentner über Nacht ins Rentensystem einzubeziehen. Bevor die Privatversicherung die Kapitaldeckung aufgebaut gehabt hätte, wären die ersten Rentner schon tot gewesen.

Man muss nicht in die Ferne schweifen, denn die Schwächen der Privatisierung liegen ganz nahe. Hierzulande bestanden den Stresstest der Bundesanstalt für Finanzdienstleistungen von 86 Lebensversicherungen gerade mal 36.

Die Mindestverzinsung der Lebensversicherung ist in den letzten Jahren mehrmals abgesenkt worden. Die Beiträge in der Privatversicherung steigen schneller als in der Sozialversicherung. Die Folgen der demographischen Veränderung wurden in der Privatversicherung später in die Anspruchsberechnungen eingestellt als in der Rentenversicherung. Jahrelang arbeitete die Privatversicherung mit veralteten „Sterbetafeln".

Klammheimlich musste der Bund mit Milliarden der Privatversicherung beispringen, um den Kollaps einiger Versicherungen zu vermeiden. Kein Hahn kräht danach.

Doch wenn es gilt, die Rentenversicherung madig zu machen, dann krähen alle Lobbyisten laut. „BILD ist dabei". BILD prognostizierte eine Schrumpfrente für das Jahr 2035. BILD kommt zu diesem Ergebnis, indem BILD eine jährliche Lohnentwicklung von 1 Prozent und eine Preissteigerung von jährlich 2 Prozent unterstellt. Wenn 30 Jahre die Preise höher als die Löhne steigen würden, wäre allerdings nicht nur die Rentenversicherung in Gefahr, sondern die BILD-Zeitung gleich mit, weil es dann nur noch wenige gäbe, die sie sich leisten könnten. 30 Jahre realer Einkommensverlust – das hält nicht nur die Rentenversicherung nicht aus.

Die Privatversicherung schneidet allerdings in der BILD-Zeitung deshalb gut ab, weil in der Prognose für die Kunden der Privatversicherung eine Preissteigerung von Null unterstellt wird. Scheinbar leben die Allianz-Alten auf einem anderen Stern als die Rentner.

Die BILD-Kampagne gegen die Rentenversicherung ist ein gut geplanter Coup: Schon ein Jahr, bevor die BILD-Zeitung mit der „Rentenlüge-Kampagne" begann, war zwischen dem Allianz Versicherungskonzern und BILD das Vorgehen abgesprochen. Die Allianz-Vertreter waren schon frühzeitig informiert über die bevorstehende redaktionelle Begleitung der Allianz-Anzeige-Kampagne.

Der Angriff auf die Rentenversicherung ist ein gutes Geschäft, und je madiger die Rentenversicherung gemacht wird, desto mehr klingelt das Geld in der Kasse der Privatversicherung. Und diese scheut sich auch nicht, in großen Anzeigen die Rentenversicherung schlechtzureden. Die Gothaer Versicherung schreibt: „Die gesetzliche Rentenversicherung sorgt seit Jahren für negative Schlagzeilen, Krisen, Reformen und Leistungskürzungen. Die individuellen Lösungen der Gothaer setzen dagegen auf Sicherheit, Marketing und Rendite je nach Ihrem persönlichen Schwerpunkt." Früher galt einmal das ungeschriebene Gesetz, dass Privat- und Sozialversicherung sich wechselseitig respektieren. Die Zeiten sind längst vorbei. Wenn es um so viel Geld geht, verlieren die Herren der Privatversicherung ihre Contenance und ihre hochbezahlten Lobbyisten den Anstand.

Die Rentenversicherung steht gegenüber diesen Kampagnen wehrlos da, denn ihre von der Arbeitgeberseite mitgetragene Selbstverwaltung verhindert eine Abwehr, weil bei den Arbeitgebern die Privatversicherungen mitbestimmen. Der Trick wird immer auffälliger: Erst wird die Rentenversicherung in Brand geschossen und dann nach der Privatversicherung als Feuerwehr gerufen. Aber die Feuerwehr ist der Brandstifter.

Der Gesetzgeber leistet Hand- und Spanndienste, wenn es gilt, das Fundament der Rentenversicherung zu unterminieren. Die Riester-Rente ist ein Anschlag auf die Verlässlichkeit des Rentensystems. Der Beitrag zur Riester-Rente ist freiwillig und geht dennoch in das Netto-Renten-Niveau ein, an das die Rentenansprüche gekoppelt sind. Da es nun bei der Bestimmung des Netto-Renten-Niveaus nicht auf die tatsächlich gezahlten freiwilligen Riester-Beiträge ankommt, sondern auf die Beitragszahl, die im Gesetz steht, kann ab sofort mit diesen Zahlen das Rentenniveau beliebig manipuliert werden.

Der Riester-Beitrag kann also zum Beispiel auch auf 6 Prozent festgeschrieben werden, und schon haben wir ein anderes Netto-Renten-Niveau.

Der Manipulation sind Tür und Tor geöffnet.

Gehaltsteile können für die betriebliche Altersversorgung umgewandelt werden in einen Beitrag. Der fehlt dann in der Rentenversicherung. Mit anderen Worten: Die Privatversicherung wird mit Geld gefüttert, das eigentlich die Rentenversicherung braucht.

Der Beitrag der Arbeitslosenversicherung zur Rentenversicherung wurde abgesenkt. Die Rentenversicherung zahlt für die Arbeitslosigkeit mit, die gar nicht das Risiko ist, das sie mit ihren Beiträgen absichern soll.

Die 13 Milliarden, die der Staat für die Förderung der Riester-Rente zahlt, wären bei der Rentenversicherung besser angelegt. So kommen die 13 Milliarden nur denjenigen zugute, die sich die Riester-Rente leisten können. Und viele von denen hätten eine Privatversicherung auch ohne Förderung abgeschlossen. Das Geld hätte man in diesem Fall sozialpolitisch auch aus dem Fenster werfen können. Da durch die Riester-Rente der Anspruch auf eine Rentenversicherung sinkt, sinkt auch der Bundeszuschuss, so dass zu guter Letzt diese Förderung für die Privatversicherung auf Kosten der Rentenversicherung geschieht. Was mit der einen Hand der Privatversicherung gegeben wird, ist mit der anderen der Rentenversicherung genommen. Trotz der Milliarden, die der Staat zur Förderung der Riester-Rente zahlt, hat er also dabei ein gutes Geschäft gemacht, denn durch die Absenkung des Rentenniveaus, ausgelöst durch die Riester-Rente, spart der Staat den Bundeszuschuss, der bekanntlich an die Rentenausgaben geknüpft ist.

Gerechtigkeit? Diejenigen, welche durch Absenkung ihrer Rentenansprüche weniger Rente erhalten, ohne sich die Riester-Rente leisten zu können, zahlen mit ihren Steuern Zuschuss für die, welche durch die Riester-Rente begünstigt werden. Der Rentenanspruch der Verkäuferin sinkt, weil ihr Verkaufschef einen Riester-Renten-Vertrag abgeschlossen hat. Die Schwächeren zahlen eine Rechnung für Leistungen, die die Stärkeren erhalten. Das ist eine „verkehrte" Solidarität und eine Premiere in der deutschen Sozialpolitik.

Der Rentenkasse fehlen Beiträge: Wenn man der Rentenversicherung nicht das Geld gibt, das sie braucht, dann muss man sich nicht wundern, wenn die Rente unsicher wird. Aber das ist ja Zweck des Spiels, und wie zynisch das Verfahren ist, bewies einst Thomas Fischer vom Vorstand der Deutschen Bank. Auf die Frage, was passiert, wenn das Kapitaldeckungsverfahren in Schwierigkeiten gerät, antwortete er: „Dann kehren wir zum Umlagesystem zurück." So ist das also: Das Umlagesystem wird in der Öffentlichkeit schlechtgemacht, aber vertraulich gilt sie als Alternative für den Fall, dass die Kapitaldeckung schief geht. Der Lobbyist Meinhard Miegel, Kronzeuge mit Dauerauftrag im Schauprozess gegen die Rentenversicherung, wird im Übrigen auch finanziert durch das Deutsche Institut für Altersvorsorge, das unter dem Dach der Deutschen Bank steht.

Die Rentenversicherung braucht keinen Vergleich zu scheuen. Für die Verwaltung gibt die Privatversicherung zwischen 15 und 25 Prozent der Einnahmen aus. Die Rentenversicherung wendet dafür nur 1,5 Prozent der Einnahmen auf und muss zudem auch keine Gewinninteressen von Aktionären stillen. Warum redet eigentlich keiner über diese Unterschiede?

Niemand bstreitet, dass die Rentenversicherung vor Problemen steht, die gelöst werden müssen. Das größte davon ist die Arbeitslosigkeit. Aber von diesen Problemen ist die Privatversicherung auch betroffen. Denn schließlich werden ihre Beiträge ja nicht vom lieben Gott bezahlt. Wer bezahlt eigentlich die Beiträge zur Privatversicherung, wenn der Kunde krank oder arbeitslos ist? In der Rentenversicherung sind dies für den Rentenanspruch keine verlorenen Zeiten.

Dass die Privatversicherung gegen demographische Veränderungen immun sei, gehört zu den sozialpolitischen Märchen, die auch durch Wiederholungen nicht zum Tatsachenbericht werden. Wenn der Nachschub an Beitragszahlern schwächer und der Zugang der Alten stärker wird, kommt auch die Privatversicherung in Bedrängnis. Dann muss sie sparen, also Kapital abbauen. Das führt zu Renditeverlusten. „So wie die demographische Achterbahn Vermögenswerte nach oben treibt, wenn das Heer der Babyboomer in die Jahre kommt, wo sie Kapitalvermögen bilden, so werden sie fallen, wenn die geburtenstarken Jahrgänge beginnen, dieses Vermögen auszugeben" schreibt Paul Wallace.

Freilich, die kapitalgedeckte Privatversicherung hat gegenüber der umlagefinanzierten Rentenversicherung einen Vorteil. Ihr Quellgebiet ist größer. Sie ist nicht auf nationale Wertschöpfung angewiesen, sondern kann weltweit anlegen. Vorerst allerdings mit Aussicht auf Rendite nur in Ländern, die die gleichen demographischen Probleme haben wie wir. Die Hoffnung, dass die Dritte Welt mit unserem Kapital auf Dauer die Zinsen erwirtschaftet, mit denen unsere Alten bezahlt werden, ist eine verwegene Illusion. Diese Stärke, dass die Kapitaldeckung weltweit angelegt werden kann, ist gleichzeitig die wunde Stelle in ihrer Sicherheit, durch welche sie sich mit den unkalkulierbaren Überraschungen der Weltwirtschaft infizieren kann.

Realwirtschaftlich hat Vorsorge ihre zeitlichen Grenzen. Vielleicht konnte man noch in der Agrargesellschaft für die Zukunft vorsorgen, indem man das Korn in den sieben fetten Jahren für die sieben mageren Jahre speicherte. Dieser Trick, dem der alttestamentarische Joseph seinen Karriereaufstieg in Ägypten verdankte, funktioniert jedoch in modernen Gesellschaften nicht mehr. Das Kapital ist nur so viel wert, wie es genutzt wird. Maschinen kann man nicht essen, und wenn sie nicht laufen, sind sie totes Kapital. Auch ein Immobilienbesitz ohne Mieter bringt nichts ein.

Verteilt und verzehrt wird immer nur der Kuchen, der gebacken wird. Die Rentenversicherung kann nur einen proportionalen Anteil am zukünftigen Kuchen zusagen. Wie groß der Kuchen ist, der in 30 oder 40 Jahren zur Verteilung steht, kann die Rentenversicherung nicht voraussagen. Dieses Schicksal teilt das Umlagesystem mit der Kapitaldeckung. Die Firma Siemens ist nicht in der Lage, den Kurs ihrer Aktie für das nächste halbe Jahr anzugeben. Aber die Rentenversicherung soll wissen, wie hoch die Rente in 50 Jahren ist.

So viel steht fest: eine börsenorientierte Alterssicherung birgt mehr Risiken als ein lohnbezogenes Umlagesystem. Der deutsche Aktienindex ist beispielsweise zwischen 1999 und 2002 um 60 Prozent gefallen. 955 Milliarden Euro sind an der deutschen Börse in dieser Zeit durch den Kamin gerauscht. So windig geht es in einer lohnbezogenen Alterssicherung Gott sei Dank nicht zu.

Die Privatisierung der Sozialversicherung bringt weder mehr Sicherheit noch höhere Renten oder ein billigeres Gesundheitssystem.

Die Privatisierung der Rentenversicherung ist keine Sozialpolitik, sondern ein Kahlschlag. Die Promotoren einer solchen Politik, die zwei Ziele hat, nämlich „Minimierung des Staatseinflusses" und „Maximierung der Eigenvorsorge", verheddern sich im Übrigen selbst in ihrer ideologischen Voreingenommenheit.

Geht man von der Unumstößlichkeit des Verfassungsgebotes aus, welches in Übereinstimmung mit Artikel 1 des Grundgesetzes die Sicherstellung des Existenzminimums verlangt, so entsteht eine Divergenz zwischen den Empfehlungen zur „Maximierung der Eigenvorsorge" und zur „Minimierung des Staatseinflusses". Die „Minimierung des Staatseinflusses" verlangt, die Finanzierung von Sozialleistungen durch Steuern zu minimieren und den Versicherungszwang auf die Sicherung des Existenzminimums zu beschränken. Das hätte zur Folge, dass der Staat einerseits von allen, die dazu in der Lage sind, verlangt, dass sie ihr Existenzminimum selbst absichern und andererseits Steuern einsetzt für jene, die aus eigener Kraft ihr Existenzminimum nicht sichern können. Die Versicherten müssen also mit ihren Zwangsbeiträgen zunächst mit denen gleichziehen, deren Existenz durch Steuern gesichert wird, bevor ihre freie Eigenvorsorge „maximiert" wird. Erst jenseits der Sicherung des Existenzminimums beginnt der Vorteil der Eigenvorsorge zu wirken. Dieser Weg führt also nicht zur „Maximierung der Eigenvorsorge". Er benachteiligt die zur Beitragszahlung Verpflichteten. Die einen müssen ihr Existenzminimum mit eigenen Beiträgen absichern. Die anderen erhalten es aus steuerlicher Umverteilung. Diesen Nachteil kann man ausschließen, wenn für alle Bürger eine steuerfinanzierte Grundsicherung geschaffen wird, auf der dann die Eigenvorsorge aufbaut. Dieser Weg führt dann allerdings wegen erhöhter Steuerfinanzierung der Sozialleistungen nicht zu einer „Minimierung des Staatseinflusses". Was also? „Maximierung der Eigenvorsorge" oder „Minimierung des Staatseinflusses"? Entweder oder! Ein „Und" gibt es zwar in der neoliberalen Propaganda, aber nicht in der gesellschaftlichen Realität.

Mischsysteme, die Eigenverantwortung und Solidarität in Balance bringen, vermeiden die Widersprüche, in die sich die Extremisten des „Individualismus mit grundversorgtem sozialem Mäntelchen" verwickeln.

Exkursion: Die Rente ist sicher

Es war einmal in Peking ... und fast wie im Märchen. Die chinesischen Kommunisten hatten mich zur Rentenberatung eingeladen. Also erschien ich vor einem erlauchten Kreis von wissbegierigen Rentenexperten des Ministeriums, das die neue Alterssicherung in China aufbauen sollte. Es war alles vertreten, was Rang und Namen im Ministerium hatte. Vor mir hatte der Vertreter der Weltbank seinen Auftritt. Er warb eindrucks-, glanzvoll und wortreich mit einer Serie von bunt-bemalten Folien, die vergrößert auf einer Leinwand erschie-nen, dafür, das neu zu schaffende chinesische Rentensystem mit Privatversicherung auf Kapitaldeckungsbasis aufzubauen. Dann kam ich. Ohne Folien, Assistenten und sonstige Exper-ten. Und statt einer kunstvollen rhetorischen Eröffnungsfigur hatte ich nur eine einfache Frage: „Wie hoch muss der Kapital-stock sein, um das Alter einer Bevölkerung von 1,3 Milliarden Menschen abzusichern?" Ich habe eine lange Pause nach der Frage gelassen, um den Damen und Herren der Weltbank Zeit zur Antwort zu lassen.

Die Pause dauert noch immer an.

Woher sollen eigentlich die gigantischen Kapitalmassen kommen, wenn die Kapitaldeckung weltweit an die Stelle des Umlagesystems tritt? In Deutschland wäre die Summe des notwendigen Kapitals größer als das in Deutschland in-vestierte Vermögen. Das liefe auf eine Sozialsicherung beson-derer Art hinaus: Die deutsche Wirtschaft in der Hand der Versicherungen.

„Die Rente ist sicher". Ja, jedenfalls vertrauenswürdiger und verlässlicher als jede börsenorientierte Alterssicherung.

VI. Ein Blick rundum

1. Die Macht der Ideen

Die Welt, wie sie ist, gibt nur unzureichend Antwort auf die Frage, wie sie sein könnte und noch weniger, was sie sein sollte. Die „wirkliche" Wirklichkeit ist mehr als die vorhandene. Der Mensch ist nicht nur eine Tatsache. Was wirkt wirklich? Menschen, die einer Idee folgen, bewegen die Welt. Die christlich-soziale Idee ist eine große Hoffnung für die Zukunft, aber ohne Menschen, die für sie eintreten, landet sie, wenn sie Glück hat, im Museum für vergessene Ladenhüter.

Unsere Existenz enthält immer einen Überschuss von noch nicht Verwirklichtem.

Der Mensch, wie er leibt und lebt, steht vor zwei Ausgängen. Die eine Luke öffnet sich nach oben, das andere Tor führt in die Zukunft. Auf zweifache Weise transzendiert der Mensch sich selbst: vertikal und horizontal; über ihm und vor ihm liegt das Ziel.

Im christlichen Verständnis ist die Welt nie fertig. Deshalb gibt es in der Politik auch keine Endlösungen. Von der Politik der Endlösungen haben wir in den letzten 200 Jahren auch wahrlich genug gehabt.

Christlich inspirierte Politik bewegt sich im Vorläufigen. Das erlaubt ihr ein Maß an Gelassenheit, das den Ideologen abgeht. Andererseits ist das Vorläufige nicht ohne Bezug zu höheren Zielen. Die Welt ist verbesserungsbedürftig und verbesserungsfähig. Das ist der Grund, warum eine christlich verstandene Politik engagierte Politik ist.

Gelassenheit und Engagement sind ein schwieriges Paar.

Die beiden sind jedoch die Weggefährten einer christlich inspirierten Politik.

Wie wird die Welt von morgen aussehen? Das hängt von uns ab und den Umständen, unter denen wir handeln.

In welcher Gesellschaft wollen wir leben? Welche Zukunft sollen unsere Kinder und Enkel als Gegenwart erfahren?

Kapitalismus und Sozialismus haben uns bewiesen, dass der Materialismus die Welt nicht auch nur einen Schritt vorwärts bringt. Man kann aus Erfahrung klüger werden.

Fortschritt ist nicht ein Geldwert und sein Maß ist nicht das Sozialprodukt.

Das westliche Zivilisationsprojekt, das allein von Superlativen getrieben wird, erreicht die Menschenherzen nicht und ist keine Vorlage für „den Rest der Welt". Als Modell der Globalisierung scheitert es bereits daran, dass „die alte Mutter Erde" es gar nicht aushält, wenn ihr nun die ganze Welt zumuten soll, was der Westen ihr angelastet hat. Wenn auch nur China so viel Benzin verbrennt, wie die westlichen Auto-Länder pro Kopf verbrauchen, geht uns die Luft zum Atmen aus.

Ich bin überzeugt, dass der nächste Abschnitt der Geschichte mehr von Ideen bewegt wird als der hinter uns liegende. Das bloße „Mehr" ist jedenfalls keine Idee. Karl Marx hat behauptet: „Wenn eine Idee mit dem Interesse zusammenstößt, ist es allemal die Idee, die sich blamiert". Ich hoffe, dass Karl Marx sich auch darin getäuscht hat.

Vielleicht sind die Kultur- und Religionskonflikte, die uns erschüttern, nur die fehlgeleiteten Vorboten eines Versuchs, die Entwicklung der Welt von Ideen leiten zu lassen und nicht den Produktivkräften zu unterwerfen, in denen Kapitalismus wie Sozialismus die treibenden Kräfte der Geschichte sahen.

Was ist produktiv?

Nach Karl Marx sind es die Produktivkräfte, welche die Geschichte dialektisch vorwärtstreiben. Die Produktivkräfte sind der Fortschrittsmotor. Man kann das Kommunistische Manifest sogar als Hymnus auf die kapitalistischen Produktivkräfte lesen. Geradezu schwärmerisch zählt Karl Marx die historischen Leistungen des Kapitalismus auf. „Die Bourgeoisie hat in ihrer kaum hundertjährigen Klassenherrschaft massenhaftere und kolossalere Produktivkräfte geschaffen als alle vorherigen Generationen zusammen." Und bewundernd reiht Marx die kapitalistischen Leistungen nacheinander auf und lässt sie wie im Triumphmarsch an der Tribüne der Weltgeschichte vorbeimarschieren: „Unterjochung der Naturkräfte, Maschinen, Anwendung der Chemie auf Industrie und Ackerbau, Dampfschifffahrt, Eisenbahnen, elektrische Telegrafen, Urbarmachung ganzer Weltteile, Schiffbarmachung der Flüsse, ganze aus dem Boden gestampfte Bevölkerungen – welche früheren Jahrhunderten ahnten, dass solche Produktivkräfte im Schoße der gesellschaftlichen Arbeit ruhten." Lässt sich die Verehrung der kapitalistischen Produktivkräfte noch mehr steigern?

Die Produktivkräfte sprengen die hemmenden kapitalistischen Produktivverhältnisse, auf dass der Sozialismus sich voll entfalten kann. Das ist die marxistische Eschatologie.

So konzentrierte sich der Ehrgeiz der Sowjetunion darauf, die Wirtschaftskraft des Westens zu übertrumpfen. Als Gagarin als erster im Weltraum war, glaubten die Sowjets, dass sie kurz vor dem Ziel stünden. Gagarin spottete sogar, dass er Gott im Weltall nicht gesehen habe. Der arme Kerl hielt seinen ballistischen Katzensprung für eine kosmische Reise. Die Amerikaner konterten und beruhigten ihr angeschlagenes Selbstbewusstsein, indem sie alles mobilisierten, um als erste einen Mann auf den Mond zu schießen. Dieser verkündete seine Landung als „großen Schritt für die Menschheit". Es war der Wettkampf ums All, der von den Prototypen des Ost-West-Konflikts aus Selbstbestätigungsgründen geführt wurde. Ihre Triumphe – Neil Armstrong und Juri Gagarin – sind angesichts des unendlichen Kosmos relativ bescheiden. Sie erreichten bestenfalls den kosmischen Vorgarten. Ein Stückchen mehr Gerechtigkeit hätte dem Glück der Menschen mehr geholfen.

Die „Pioniere der Arbeit" wurden im Sozialismus gefeiert wie einst die Heiligen in der katholischen Kirche. Die Sowjetunion eilte von Produktionsrekord zu Produktionsrekord, wobei allerdings die Scheinbauten des Generals Potemkin mehr Realitätsbezug hatten als die aufs Papier geschriebenen planwirtschaftlichen Ergebnisse. Auf der anderen Seite fand die Wirtschaftskraft der USA ebenso viel Bewunderung wie vor Zeiten die Kraft des Prometheus. Die Vereinigten Staaten versprachen zwar nicht wie Prometheus, das Feuer vom Himmel zu holen, aber sie verbreiteten die Illusion, im amerikanischen *way of life* würden sich alle Tellerwäscher in Millionäre verwandeln.

Beide, USA und UdSSR, setzten auf Wirtschaft und Technik, um die jeweilige Überlegenheit ihres eigenen Systems zu beweisen.

Das wird allerdings der Menschheit immer weniger imponieren.

Die „Begeisterung" für große Ziele schöpft aus anderen Quellen als aus materiellen.

David *Solidarnosc*

Die großen Eruptionen der jüngsten Geschichte wurden von Ideen ausgelöst und nicht von purer Macht erzwungen. Zynisch und großspurig fragte einst Stalin: „Wie viele Divisionen hat der Papst?" Die unbesiegbare Sowjetarmee war der Garant des unwiderstehlichen Triumphes des Sozialismus.

Es war ja schließlich auch nicht die Schweizer Garde mit ihren Hellebarden, welche die glorreiche Sowjetunion in die Knie zwang. Die waffenstrotzende Sowjetunion ist dann auch nicht unter Raketenbeschuss oder durch Panzerinvasionen zusammengebrochen.

Die Supermacht des Sozialismus scheiterte an den Ideen einer Handvoll Frauen und Männer von der Lenin-Werft in Danzig. *Solidarnosc* hatte eine andere Vorstellung von Freiheit und Gerechtigkeit als die Kommunisten. Als Schutzschild trugen die *Solidarnosc*-Kämpfer keine Rüstungen, sie besaßen keine Munition. Ihr Schutzschild war das Bild der Mutter Gottes von Tschenstochau, das sie an die Revers ihrer Arbeitskittel geheftet hatten, und ihre Waffe war der Glaube, dass sie im Namen einer starken Idee handelten. David gegen Goliath: „Goliath, sechs Ellen und eine Spanne war er hoch, hatte einen ehernen Helm auf seinem Haupt und trug einen Schuppenpanzer. An seinen Beinen waren eherne Schienen und ein eherner Wurfspeer zwischen seinen Schultern. Der Schaft seiner Lanze war wie ein Weberbaum …" König Saul warnte David: „Du kannst nicht gegen diesen Philister angehen, um mit ihm zu kämpfen. Du bist ein Jüngling, er dagegen ein Kriegsmann von Jugend auf …". David, der schmächtige Hirtenknabe, ließ sich von dem Koloss Goliath nicht beeindrucken und von König Saul nicht zurückhalten. David ging in den Kampf, und „er nahm seinen Stecken in die Hand, suchte sich fünf glatte Steine aus dem Bach und tat sie in seine Hirtentasche, die ihm als Schleudertasche diente". Dann nahm er seine Schleuder in die Hand und ging Goliath entgegen …! „Komm her zu mir, damit ich dein Fleisch den Vögeln des Himmels und den Tieren des Feldes gebe", ruft ihm der gepanzerte Kraftprotz entgegen. Bis dahin ist alles ganz normal. Dann aber setzt die Abnormalität der Gotteskraft ein: „Du kommst zu mir mit Schwert, Lanze und Wurfspieß. Ich aber komme zu dir im Namen Jahwes Zebaoth … – und diese ganze Schar soll wissen, dass Jahwe nicht Schwert und Lanze braucht, um Rettung zu schaffen" (1 Samuel 32—52). Wie der Kampf zwischen David und Goliath ausging, ist ebenso bekannt und überraschend wie der Ausgang des Kampfes zwischen waffenstrotzendem Sozialismus und *Solidarnosc*.

Was war stärker? Waffen oder Ideen?

Deutsche Einheit

Nie wäre unter rein wirtschaftlichen Aspekten die Deutsche Einheit zustande gekommen. Eine solche Fusion wäre wahrscheinlich wegen zu hoher Risiken auf dem Finanzmarkt gescheitert. Was war stärker? Der Finanzmarkt oder das Bewusstsein der Zusammengehörigkeit?

Kulturen sind stärker als Wirtschaftskraft. Wahrscheinlich bestimmen sie sogar die Wirtschaftsentwicklung stärker, als die Ökonomen wissen. Die Gesamtheit von Werten, Glaubensüberzeugungen, Ideen bestimmt die Entwicklung. Das gilt im positiven wie im negativen Sinne. An den Scheidelinien der Kulturen haben immer wieder Konfliktherde genistet. Deshalb behauptet Samuel P. Huntington zu Recht: „Vom Dialog der Kulturen hängt der Friede mehr ab als vom Handel der Volkswirtschaften und den Waffen der Armeen".

Der Mythos von Antäus wird eine paradoxe Plausibilität erlangen. Der alte mythische Riese Antäus fand nur Kraft, wenn seine Füße die Erde berührten. Der neue Antäus wird anderer Art sein. Er schöpft Kraft, wenn sein Kopf an den Himmel der Ideen stößt. In einem entgegengesetzten Sinne, als es Karl Marx meinte, als er behauptete, er habe den Menschen vom Kopf auf die Füße gestellt, ist für den neuen Antäus der Kopf das Fundament, auf dem er „fußt".

Die große Vision des Teilhard de Chardin, dass die Welt sich vergeistige, ist zwar utopische Hoffnung, aber dennoch nicht ohne Zukunftsbezug. Schon die großen Mystiker vertrauten auf den kleinen Geistesfunken, der alles bewegt. Vielleicht antizipierten sie eine Zukunft der Menschheit, von der die Materialisten nichts wissen.

2. Die Zukunft der Arbeit

Der Mensch und seine Arbeit werden wichtiger. Der Mensch und seine Arbeit sind wichtiger als Kapital und Besitz. Das ist die Wende vom Haben zum Sein. Die Arbeit steht dem Sein des Menschen näher als das Haben von Kapital.

Von der Arbeit hängt der „Wohlstand der Völker" ab. Das wusste schon der Erzvater des Kapitalismus Adam Smith. Kapital ohne Arbeit ist ein totes Stück. Das ist keine ideologische Behauptung, sondern eine Realität der Entwicklung.

Innovation wird zur wichtigsten Quelle der Produktivität. Die Wertschöpfung in den Unternehmen wird weniger vom Kapitaleinsatz und mehr von menschlicher Qualifikation bestimmt werden. Der Anteil der Innovation an der Wertschöpfung wird in modernen Unternehmen schon heute auf 60 bis 80 Prozent geschätzt. Er ist auf jeden Fall höher als der Anteil des Kapitaleinsatzes.

Die Wissensgesellschaft ist nur ein anderer Ausdruck dafür, dass die Bedeutung von Bildung zunehmen wird. Die Wissensgesellschaft hat einen relativ geringeren Kapitalhunger als die alte Industriegesellschaft. Ein Stahlwerk und eine Automobilfabrik sind größer als ein PC und bedürfen eines enormen Kapitaleinsatzes. Die Wirtschaft der rauchenden Schlote und der Fließbänder ist jedoch auf dem Rückzug.

In der Wirtschaft selber, der ureigenen Region des Materiellen, werden die Spuren der Theorie deutlicher und bedeutsamer. Die Systemanalytiker übertreffen an Zahl und Bedeutung die Routine-Arbeiter. Auch die handwerklichen Berufe werden von der Theorie infiltriert.

Die Umwandlung von Wissen in Bildung

Der Begriff der Wissensgesellschaft steht allerdings in Gefahr, in die falsche Richtung zu führen. Es geht nämlich im Kern gar nicht um die Anhäufung von Wissen. Die Lagerung des Wissens kann uns der Computer abnehmen. Er übertrifft sogar die Speicherkapazität des Gehirns. Die Informatik wird uns jedoch nie die Unterscheidung von wichtigem und unwichtigem Wissen abnehmen. Was ist wichtig, was ist wichtiger? Das sagt uns keine noch so wissensgefüllte Maschine. Dafür bedarf es der Bildung, die uns befähigt, zu werten: nämlich zu unterscheiden zwischen dem, was wir wollen sollen und dem, was wir nicht wollen dürfen. Der Abstand zwischen Können und Dürfen war in der Geschichte der Menschheit noch nie so groß wie in unserer Zeit. Wir können jedenfalls mehr, als wir dürfen. Unsere Schaffenskraft übertrifft alles bisher Dagewesene. Wir können sogar uns selbst, die Menschheit, abschaffen.

Die Verlegenheit einer Wissensgesellschaft besteht darin, dass Wissen uns das Werten nicht abnehmen kann.

Bildung ist mehr als Wissenssammlung. Bildung ist Erinnern an die unaufgebbaren Merkmale des Menschseins. Im Dialog vergewissern wir uns, wer wir sind und sein wollen. Dieses Gespräch geht nie zu Ende, und in seiner höchsten Vollendung erreicht es Dimensionen, die die menschliche Klugheit übersteigen. Ein gutes Gespräch ist immer mehr als ein Wissensaustausch. Es erreicht die Ebene des Mit-Seins.

Bildung ordnet das Wissen nach einer Hierarchie des Wissenswerten. Das Wissen darüber, wie man einen Menschen umbringt, ist nichts wert, dagegen viel, wie man ihm hilft. Zu wissen, wie der Hunger auf der Welt besiegt wird, ist mehr wert, als zu wissen, wie man Atombomben baut. Erst dann wird Wissen Bildung, wenn es den Menschen dient.

Bildung wird die Zukunft mehr bestimmen als Kapital und Aktiengesellschaften.

Die eigentliche Aufgabe ist nicht die Vermehrung von Wissen, sondern die Umwandlung von Wissen in Bildung.

Erwachsenwerden heißt auch, Verbindlichkeiten zu lernen. Kindliche Allmachtsträume stoßen an Realitäten, die wir weder einfach hinnehmen noch über die wir uns einfach hinwegsetzen können. Erziehung ist Einübung in jenes Zwischenreich, das aus Freiheit und Widerstand gebaut ist.

Der Treibsatz der Entwicklung wird die Arbeit sein, und zwar eine Arbeit, die sich immer mehr der Schwerkraft des Materiellen entzieht, ohne ganz von ihr freizukommen.

Die Arbeit ist mit dem Wesen des Menschen verknüpft und nicht nur äußerliche Zugabe wie das Kapital. Der Mensch ist auch schon Mensch ohne Arbeit. Aber eine seiner Formen der Selbstverwirklichung ist Wirken, also Arbeiten.

Geht uns die Arbeit aus?

Die Behauptung vom Schwinden der Arbeit erregt einerseits Hoffnung, andererseits Angst. Futurologen malen eine Welt ohne Arbeit an die Wand. Was für die einen die Hoffnung auf ein paradiesisches Schlaraffenland ist, verwandelt sich für die anderen zu einer Angst vor der Hölle der Arbeitslosigkeit. Nimmt uns der technische Fortschritt die Arbeit ab? Gibt es noch genug zu schaffen?

Wer das Elend in der Welt sieht, kann schlecht behaupten: „Es gibt nichts mehr zu arbeiten!" Es gibt noch genügend zu tun. Die Prognose von der Arbeit als Mangelware kann nur in den Gehirnen verwöhnter Wohlstandskinder entstanden sein, die von sich auf andere schließen, weil sie ihren eigenen Nabel für den Mittelpunkt der Welt halten.

Der Kampf um das Notdürftige wird die Menschheit begleiten. Mit Mühe und Last ist die Arbeit verbunden, seitdem Adam und Eva das Paradies verlassen mussten. Nur im Paradies vollzog sich die Arbeit ohne Mühe. Arbeit war der spielerische Stoffwechsel mit der Natur. Die Früchte wuchsen den Einwohnern des Schlaraffenlandes in den Mund und die gebratenen Tauben flogen hinterher. Doch dieses Schlaraffenland gibt es nicht und es ist auch nicht erstrebenswert, denn es wäre das Land der Langeweile. So wie ein Leben ohne Tod auf Einmaligkeit verzichten müsste und in der ewigen Wiederkehr des Gleichen versinken würde, so wäre ein Leben ohne Arbeit ein Leben, in dem die Menschen sich nicht selbst erfahren könnten. Nur in den Widerständen, die wir überwinden, werden wir uns selbst bewusst.

Der Mensch „strebt", solange er lebt, und er steht unter dem Druck einer begrenzten Lebensspanne. In ihrem 1946 erschienenen Roman „Alle Menschen sind sterblich" erzählt Simone de Beauvoir von dem Carmonenser Fosca, der durch Einnahme eines Lebenselixiers unsterblich geworden ist. Sein Freund Cartier beneidet ihn: „Wie gerne wäre ich unsterblich". Dann erst hätte er Zeit für seinen größten Wunsch, nämlich ohne Zeitnot die Welt zu erkunden, China zu erforschen. „Nein", erwiderte Fosca seinem Freund, „bald würdest du dich nicht mehr für China interessieren, du würdest dich für nichts mehr interessieren." Ohne Grenze des Lebens würden wir vielleicht die Lust an der Arbeit verlieren. Es gäbe keinen Grund für Hinterlassenschaft und keine Sorge, die Aufmerksamkeit der anderen unwiederbringlich zu verlieren. Komme ich heute nicht, komme ich morgen. Schaffe ich es jetzt nicht, dann in Millionen von Jahren. Arbeit gehört den Sterblichen und dem Verlangen, sich bemerkbar zu machen und zu bleiben. „Jetzt oder nie", oder: „Die oder keine" wäre in der sorglosen Welt ohne Ende unbekannt. Deshalb ist es auch so schwer, sich Ewigkeit vorzustellen.

Ob im Reich der Notwendigkeiten oder dem der Freiheit, ohne die Anstrengung der Selbstüberwindung wächst der Mensch nicht und findet auch nicht sein eigentliches Selbst. In der Arbeit sich zu entfalten, das unterscheidet den Menschen von den Pflanzen. Und freiwillig zu arbeiten, ohne von Instinkten getrieben zu sein, das trennt ihn von den Tieren.

Es gibt noch viel zu tun im Reich der Notwendigkeiten. Die Mehrheit der Menschheit hat nicht genügend Notwendiges zum Leben.

Aber auch dann, wenn die Produktion in der Lage ist, alle elementaren Bedürfnisse zu befriedigen, wovon wir träumen, wird die Arbeit der Menschheit nicht ausgehen. Denn der Mensch lebt nicht vom Brot allein.

Hannah Arendts düstere Prognose, dass der Industriegesellschaft die Arbeit ausgehe, übersah, dass sie selbst neben der körperlichen Anstrengung der Arbeit und der Produktion von Gütern als dritte der möglichen menschlichen Betätigungsformen noch das „Handeln" setzte. Sie folgt damit einem Schema, das schon bei Aristoteles das Handeln über das Produzieren stellte. Das Handeln vollzieht sich zwischen Menschen, das Produzieren im Widerstand zur Natur. Dem Handeln der Menschen, dem Miteinander und Kommunizieren, stehen weite Horizonte offen. Dem Produzieren dagegen sind Grenzen des Materials und Grenzen unseres Bedarfs gesetzt.

Die Dienstleistungsgesellschaft ist der Einstieg in eine Gesellschaft des Miteinanders. Die Welt der Produktion wird dank technologisch gesteigerter Produktivkraft an Bedeutung abnehmen. Vielleicht erlaubt die Zukunft sogar die Erfüllung der marxschen Utopie „heute dies und morgen jenes zu tun" freilich nicht als Objekt einer ausbeuterischen Flexibilität, sondern als Bürger zweier Reiche, dem der Notwendigkeit und dem der Freiheit.

Ihre volle Entfaltung erhält die Dienstleistungsgesellschaft im wechselseitigen Dienst, den die Menschen füreinander erbringen und in den der Mensch nicht nur seine Muskelkraft einbringt, sondern seine besten Fähigkeiten, nämlich zur Mitmenschlichkeit. Ich habe nie verstanden, wieso die Bedienung eines Menschen ein geringeres Ansehen hat als die Bedienung einer Maschine.

Arbeit des Anpackens – *high touch* – tritt neben *high tech* (Adair Turner). Diese personennahen Dienstleistungen können schwerlich global verlagert werden. Sie werden dort bereitgestellt, wo die Menschen leben. Sie sind ortsgebunden und lokal begrenzt. Für einen Friseurbesuch nach Hongkong zu fahren, rentiert sich nicht, und Wellness lässt sich schwer transportieren. Ein Telefongespräch rund um den Erdball bringt viel Informationsaustausch. Doch ein Gespräch ist mehr. Es ist ein mimetisches, bisweilen ein haptisches Erlebnis und kann deshalb nicht so ohne weiteres globalisiert werden. Wenn Menschen „miteinander reden", sprechen sie nicht nur mit dem Mund. Mancher redet „mit Händen und Füßen" und die Haltung des Körpers verrät manchmal mehr über Sympathie oder Antipathie als Worte.

Arbeit, in welcher sich die Menschen begegnen, wird höher geschätzt werden als Arbeit, die totes Material bearbeitet. Arbeit, die dem Menschen dient, ist die höchste Selbstentfaltung des Menschen. Arbeit ist nicht nur Produktion und Arbeit ist nicht erst Arbeit, wenn dafür Geld gezahlt wird. Der ans Sozialprodukt geknüpfte Leistungsbegriff ist verkürzt. Wenn zwei Mütter die jeweiligen Kinder ihrer jeweiligen Nachbarn gegen Entgelt erziehen, dann „arbeiten" sie. Die Erziehung der eigenen Kinder aber wäre keine Arbeit im sozialrechtlichen Sinne. Deshalb zählt sie nicht als Wertschöpfung. Auch unser Sozialsystem hat einen zu engen Begriff für Arbeit. Arbeit ist mehr als Geldverdienen und Broterwerb. Arbeit ist Selbstentfaltung in der Teilhabe an einer Gemeinschaft, die füreinander da ist.

Eine solche Vision der Arbeit entspricht jenem Schöpfungsauftrag, in dem wir Menschen als das Ebenbild Gottes offenbaren.

Die Würde der Arbeit

Die Arbeit steht dem Sein des Menschen näher als Kapital zu haben. Arbeit ist keine Ware. Der Kapitalismus hat das Spezifikum der menschlichen Arbeit nie verstanden. Arbeit ist eine andere Bezeichnung für das Wirken, mit welchem der Mensch seine Wirklichkeit schafft. „Arbeit kann nicht vom restlichen Leben abgetrennt aufbewahrt oder flüssig gemacht werden", so Karl Paul Polanyi, der große ungarische Wirtschaftswissenschaftler. Die Arbeit ist wichtiger als Besitz. Das ist die Kernbotschaft der christlichen Soziallehre. Arbeit „ist der unmittelbare Ausfluss der menschlichen Natur und deshalb wertgrößer als Reichtümer an äußeren Gütern, denen ihrer Natur nach nur der Wert des Mittels zukommt", wie Johannes XXIII. in seiner Enzyklika *Mater et magistra* schreibt. Kapital hat nur instrumentalen Charakter. „Kapital dient der Arbeit" ist die Kurzfassung der Enzyklika *Laborem exercens* von Papst Johannes Paul II., die in Erinnerung ruft, „dass die Kirche immer gelehrt hat: das Prinzip des Vorranges der Arbeit gegenüber dem Kapital. Dieses Prinzip betrifft direkt den Produktionsprozess, für den die Arbeit immer einer der hauptsächlichen Wirkursachen ist, während das Kapital, das ja in der Gesamtheit der Produktionsmittel besteht, bloß Instrument oder instrumentale Ursache ist" *(Laborem exercens)*.

Der Irrtum des „primitiven Kapitalismus" ist dort greifbar, „wo der Mensch in irgendeiner Weise dem Gesamt der materiellen Produktionsmittel gleichgeschaltet und so wie ein Instrument behandelt wird und nicht entsprechend der wahren Würde seiner Art, das heißt als Subjekt und Urheber und eben dadurch als wahres Ziel der gesamten Produktionsprozesses" *(Laborem exercens)*. Ich fürchte, wer im Trubel des neoliberalen Zeitgeistes heute solche Sätze vorträgt, wird entweder als Spinner abgetan oder als Sozialist eingestuft.

Der erste Arbeitsvertrag

„Macht euch die Erde untertan". Das ist der erste Arbeitsvertrag, an dem sich alle weiteren messen müssen. Gott ist der erste Arbeitgeber. Alle anderen sind Filialleiter seines Unternehmens Schöpfung. Der Maßstab dieses originären Arbeitsvertrages wird an jede Form der Arbeit angelegt, ob körperliche oder geistige. Nach seinem Bild erschuf Gott den Menschen. Die Schöpfung ist kein Zufallsprodukt. Gott erschuf die Welt nicht aus Versehen, sondern in planvoller Arbeit. Der biblische Schöpfungsmythos berichtet von einem Schöpfer, der sechs Tage arbeitete und am siebten Tag ruhte. Schöpfung ist Gottes Wirklichkeit, sein Wirken. Welch himmelweiter Unterschied klafft zwischen dem biblischen Gott und seiner Schöpfung und frühzeitlichen Schöpfungsmythen. Im antiken Gotteshimmel waren die Schöpfung und der Umgang der Götter mit den Menschen eine Art Spiel, gemischt aus List, Suff, Liebe, Wettkampf, Neid, Habsucht, Krieg etc., und mehr aus Versehen entstand der Mensch.

Im biblischen Verständnis ist dagegen der Mensch Co-Produzent und Mithandelnder des Schöpfers. Der Mensch führt mit seiner Arbeit die Schöpfung weiter. Der Wert der Arbeit kann nicht zuerst an ihren produktiven Hervorbringungen gemessen werden. Der Wert der Arbeit liegt in dem subjektiven Charakter. Der Mensch ist das Subjekt der Arbeit. In der Arbeit verwirklicht sich der Mensch. Schon in der Enzyklika *Quadragesimo anno* geißelt Papst Pius XI. die Verkehrung des Subjekt-Objekt-Verhältnisses zwischen Mensch und Sache: „Während der tote Stoff veredelt die Stätten der Arbeit verlässt, werden die Menschen dort an Leib und Seele verdorben." Der subjektive Charakter der Arbeit ist bedeutsamer als der objektive. In der Arbeit vervollkommnet sich der Mensch.

Gegenüber der Theologie der Arbeit ist die Ökonomie der Arbeit zweitrangig. Die Arbeit ist Teilhabe, und der Arbeiter ist Mitarbeiter der Schöpfung. Der Kapitalist ist dagegen nur eine Art Zwischenhändler.

Um den Menschen und seine Arbeit kreist die christliche Soziallehre, nicht um seine Macht und seinen Besitz.

2. Mitbestimmung

Das geltende Unternehmensrecht kennt den Arbeitnehmer als Mitglied des Unternehmens nicht. Der Arbeitnehmer tritt mit dem Unternehmen mit Hilfe des Arbeitsvertrages in Beziehung, der seiner rechtlichen Grundgestalt nach ein Austauschvertrag ist. Arbeit wird gegen Lohn getauscht. Dieser Austauschvertrag ist im Laufe der arbeitsrechtlichen Entwicklung zwar um Gemeinschaftsbeziehungen erweitert worden, wozu die Fürsorgepflichten des Arbeitgebers und die Treuepflichten des Arbeitnehmers gehören. An der Grundkonstellation des Arbeitsvertrages als Tauschvertrag hat sich dadurch allerdings wenig geändert. Der Arbeitnehmer tritt mit dem Unternehmen in Kontakt wie der Zulieferer von Waren.

Arbeit ist Ware und wird auf dem Arbeitsmarkt gehandelt. Das Wechselspiel von Angebot und Nachfrage bestimmt den Preis der Arbeit. Nach der Vorstellung der Neoliberalen soll dies ohne Tarifvertrag geschehen. Das Aushandeln der Arbeitsverträge soll individualisiert werden. Der Arbeitsvertrag wird so dem Kaufvertrag gleichgestellt. Alles, was die Tauschbeziehungen stört, soll eliminiert werden. Gewerkschaften sind wettbewerbsfeindliche Kartelle, die das freie Spiel mit der Ware Arbeit stören. Deshalb passen Tarifverträge nicht ins neoliberale Weltbild.

Arbeit ist jedoch nicht nur Ware und der Arbeiter nicht Zulieferant. Gegen die Degradierung der Arbeit zur Ware und des Arbeiters zum puren Lohnempfänger wandte sich schon 1864 Bischof Wilhelm Emanuel von Ketteler in seinem Werk „Die Arbeiterfrage und das Christentum". Er sprach über das Lohnverhältnis als von der „neuen Sklaverei unserer Tage."

Das kapitalistische Missverständnis der Arbeit zu korrigieren war das Ziel der Mitbestimmungsforderung. Die Mitbestimmung erhält ihren Anstoß aus partnerschaftlichem Verständnis des Unternehmens. Arbeit und Kapital bilden das Unternehmen. Das menschliche Sein ist partnerschaftlich angelegt. Deshalb kann Subordination immer nur funktional, aber nie prinzipiell angeordnet sein. Die Arbeit dem Kapital rechtlich unterzuordnen widerspricht der Partnerschaft. Dass Kapital Arbeit in Dienst stellt und die Arbeit mit Lohn abfindet, steht jedenfalls im Gegensatz zur christlichen Soziallehre, was man von einer umgekehrten Lösung nicht sagen könnte. Eine Wirtschaftsordnung, in welcher die Arbeit das Kapital sucht, einstellt, entlohnt und dabei sich einer Unternehmensleitung bedient, kommt jedenfalls einer Wirtschaftsordnung, die sich auf biblische Impulse beruft, näher als die kapitalistische.

Oswald von Nell-Breuning hat immer darauf aufmerksam gemacht, dass das Eigentumsrecht ein Recht über Sachen ist. So heißt es bei ihm in seinem Buch „Soziale Sicherheit": „Wo der Eigentümer zur Nutzung seines Eigentums fortwährender Hilfe von anderen bedarf, verleiht sein Eigentumsrecht keinen Rechtsanspruch darauf, dass andere Menschen sich seiner Befehlsgewalt unterwerfen. Vielmehr muss er mit ihnen Bedingungen aushandeln." Seit Aufhebung der Leibeigenschaft ist es jedenfalls unbestritten, dass die Arbeitnehmer nicht dem Arbeitgeber gehören wie dem Bauern die Mistgabel gehört.

Mitbestimmung der Arbeitnehmer zielt auf Teilhabe am Unternehmen. Der Sinn der Mitbestimmung ist noch nicht dadurch erfüllt, wenn Arbeitnehmer im Aufsichtsrat Sitz und Stimme haben, sondern erst durch die Umwandlung des Arbeitsvertrages in einen Gesellschaftsvertrag.

Mitbestimmung ist die eine Seite, Miteigentum die andere, und beide Seiten sind die Fundamente der Partnerschaft.

Wenn eingewandt wird, mit der Kumulation von Mitbestimmung und Miteigentum erhielten ja („um Gottes Willen" …) die Arbeitnehmer die Mehrheit in den Kontrollorganen, dann verrät dieses Argument, wes Geistes Kind der Einsprucherhebende ist. Er denkt in Klassenkategorien. Eigentümer und Arbeiter sind in kapitalistischer Sicht offenbar nicht Funktionen, sondern „Standesmerkmale". Es ist das Wesen der Klassengesellschaft, dass der Mensch entweder Kapitalist oder Arbeiter ist. Es ist das Wesen der partnerschaftlichen Gesellschaft, dass sie Klassenspaltungen überwindet, indem die Partner Arbeiter und Eigentümer in einer Person und deshalb Interessendifferenzen nicht nur zwischen Personen und Personengruppen, sondern in Personen ausgeglichen werden müssen.

3. Miteigentum

Das Eigentumsrecht ist in der christlichen Soziallehre an Arbeit gekoppelt. Neben der Besitzergreifung herrenlosen Gutes ist die Arbeit der rechtmäßige Grund für Eigentumserwerb. „Ursprünglicher Eigentumserwerb vollzieht sich – das ist die einhellige Überlieferung aller Zeiten wie auch die Lehre unseres Vorgängers Leo – durch Besitzergreifung herrenlosen Gutes und durch Bearbeitung", schreibt Pius XI. in *Quadragesimo anno* und bezieht sich dabei auch auf die Sozialenzyklika *Rerum novarum* von Leo XIII (1891). *Occupatio* und *specificatio* sind die beiden Legitimationsgrundlagen der christlichen Soziallehre für das Eigentum. Die Bindung des Eigentums an die Arbeit hat es zum Beispiel der Kirche schwer gemacht, Zinsen zu legitimieren, weil „Zinsen zu nehmen" zum arbeitslosen Erwerb zählte. Erst nachdem auf verschlungenen Wegen dem Zins eine Leistung zuerkannt worden war, wurde der Zins als Möglichkeit rechtmäßiger Eigentumsmehrung anerkannt.

Das Eigentumsrecht steht in der christlichen Soziallehre unter zweifacher Rechtfertigung. Ursächlich ist es an Arbeit gebunden, zielgerichtet ist seine Gemeinwohldienlichkeit.

„Die Güter dieser Erde sind für alle da" ist der primäre Grundsatz der christlichen Eigentumslehre. Erst in einem zweiten Schritt erklärt Thomas von Aquin das Recht auf Privateigentum und zwar mit den Zweckmäßigkeitsbegründungen:

1. dass der Fleiß der Menschen mehr angefacht werde, als wenn alles gemeinsam sei,
2. die Güter besser behandelt werden, wenn ein jeder für sich zu sorgen habe, und
3. dass der Frieden in der Gesellschaft sicherer wäre.

Drei Jahrhunderte nach Thomas von Aquin wiederholt der große Humanist und Heilige Thomas Morus in seiner „Utopia" die relativ pragmatische Begründung für das Privateigentum, als er dem fiktiven Weltreisenden Raphael Hythlodeus, der im Privateigentum das Brutnest von Habgier und Egoismus sieht, antwortet, dass ohne Privateigentum Faulheit und Korruption triumphieren würde.

Wie das „Recht auf Arbeit" ein abgeleitetes Recht aus dem Schöpfungsauftrag ist, so ist auch das Eigentumsrecht sekundär. Wie Gott, der Schöpfer, erster und eigentlicher Arbeitgeber ist, so ist er auch erster und eigentlicher Eigentümer. Alle folgenden sind Lehensträger und müssen ihren Eigentumsgebrauch rechtfertigen. Die Reformationsbewegung hat dieses Eigentumsverhältnis sogar auf die Beziehung von Gott zu den Menschen zugespitzt. „Was ist dein einziger Trost im Leben und Sterben? Dass ich mit Leib und Seele beides, im Leben und Sterben, nicht mein, sondern meines getreuen Heilandes Jesu Christi eigen bin", heißt es im Heidelberger Katechismus.

Das Neue Testament stellt alles unter den eschatalogischen Vorbehalt. Damit gehört auch das Eigentum nicht zu den letzten Dingen, sondern zu den vorletzten, die allesamt durch Gott relativiert und in Frage gestellt werden. Der Mensch ist das, was er ist, durch Gott, nur nicht durch das, was er hat. Die letzte Rechtfertigung erhält der Mensch durch Gottes Gerechtigkeit. Das Vorletzte mit dem Letzten zu vertauschen, ist Sünde. Verehrung des Mammons ist Abfall von Gott. Das christliche Eigentumsverständnis hat deshalb nie das Privateigentum als das „heiligste aller bürgerlichen Rechte" bezeichnet, wie es in der Erklärung der Menschenrechte vor mehr als 200 Jahren geschah. Ebenso weit entfernt von einer christlichen Position ist das römische Eigentumsrecht, welches dem Eigentümer gestattet, sein Eigentum nach eigenem Wohlgefallen zu gebrauchen, zu genießen und zu missbrauchen (*ius utendi, fruendi et abutendi*). Dieses Denken ist unchristlich. Die paulinische Empfehlung: „Die Zeit ist knapp bemessen. Künftighin sollen deshalb auch die ..., die etwas erwerben", sich so verhalten, „als behielten sie es nicht zu eigen; die sich der Welt bedienen so, als nutzten sie sie nicht aus; denn die Gestalt der Welt vergeht" (1 Kor 7,29—31) ist die originäre christliche Relativierung jeden Besitzes. Eigentum ist nicht das Wichtigste, Eigentum ist Instrument, nicht Zweck. Deshalb kann der Mensch nie Eigentum eines anderen werden.

Johannes Paul II. bleibt in dieser instrumentalen Tradition, wenn er das Recht auf Eigentum der Bestimmung der Güter für alle unterordnet. „Die christliche Tradition hat dieses Recht nie als absolut und unantastbar betrachtet. Ganz im Gegenteil; sie hat es immer im größeren Rahmen des gemeinsamen Rechtes aller auf Nutzung der Güter der Schöpfung insgesamt gesehen: das Recht auf Privateigentum als dem gemeinsamen auf Nutznießung untergeordnet als untergeordnet der Bestimmung der Güter für alle" (*Laborem exercens*).

Das Eigentum wird nach kirchlicher Lehre durch Arbeit erworben und soll auch der Arbeit dienen. Man darf Eigentum „nicht gegen die Arbeit besitzen"; man darf auch nicht „um des Besitzes willen besitzen" (*Laborem exercens*).

Die verfassungsrechtliche Sozialbindung des Eigentums hat ihren Grund im Nutzungsrecht der Erdengüter durch alle. Diese Sozialpflicht des Eigentums ist freilich unterschiedlich zu bewerten, je nachdem, ob es sich zum Beispiel um das Eigentum an einem Regenschirm oder beispielsweise einer Atombombe handelt. Mit der Größe und Bedeutung des Eigentums wächst auch seine soziale Verantwortung.

Der zweifache Lohn

Der Vorschlag „Eigentum in Arbeitnehmerhand" ist im Nachkriegs-Westdeutschland von der evangelischen und katholischen Kirche kraftvoll vertreten worden. In den Unionsparteien hatte diese Idee starke Anhänger. Karl Arnold, Hans Katzer, Professor Ernst Burgbacher, Erwin Häusler, Elmar Pieroth u. a. waren Vorreiter des Arbeitnehmereigentums. In der SPD kämpfte Georg Leber für das Miteigentum der Arbeitnehmer. In den Arbeitgeberverbänden war Hans Martin Schleyer, der ermordete Arbeitgeberpräsident, der herausragende Promotor der Eigentumsbeteiligung der Arbeitnehmer. Von diesen Reformbewegungen ist noch nicht einmal ein laues Lüftchen übrig geblieben. Dabei passt die Politik für Eigentum in Arbeitnehmerhand besser als je zuvor in die Zeit.

Denn Eigentumsbeteiligung der Arbeitnehmer
1. entspannt den Verteilungskampf,
2. entlastet die kollektiven Sicherungssysteme und
3. verbindet Arbeit und Kapitel.

Solange die Lohnempfänger auf den konsumptiven Teil des unternehmerischen Ergebnisses abgedrängt werden, bleiben sie immer zweiter Sieger im Verteilungskampf. Der Unternehmensertrag wie das volkswirtschaftliche Ergebnis können so wenig wie das Korn restlos verfüttert werden. Wie Saatgut zurückgelegt werden muss, so müssen Investitionen aus dem volks- und betriebswirtschaftlichen Ergebnis abgezweigt werden. Aus dem Recht auf Lohn ein „Recht auf den vollen Arbeitsertrag ableiten zu wollen, unterliegt insofern einem Denkfehler, als der volle Arbeitsertrag ein logisch unvollziehbarer Begriff ist" (Oswald von Nell-Breuning). Um diesen Rest, der den Lohn vom vollen Arbeitsertrag trennt, geht es in der Forderung nach Miteigentum der Arbeitnehmer. Solange dieser „Rest" nur einer Seite zugeschlagen wird, liegt immer ein Verstoß gegen die Tauschgerechtigkeit vor, weil das Äquivalenzprinzip nicht erfüllt ist.

Für die Aktiengesellschaft heißt dies beispielsweise: Wenn der Lohn für die Arbeit und die Dividende für die Kapitalbereitstellung abgezweigt sind, muss ein Teil für Investitionen zurückgelegt bleiben. Aber wieso gehört dieser Teil nur einer Seite? Ist er doch von zwei Seiten erwirtschaftet worden. Der Gewinn ist das Ergebnis der Leistungsgemeinschaft von Arbeit und Kapital, und wie Sonne und Regen das Wachstum befördern und aufeinander angewiesen sind, so auch Arbeit und Kapitel in der Partnerschaft. Partnerschaft ist noch nicht erfüllt, wenn der Chef mit der Putzfrau den Tanz auf dem Betriebsausflug eröffnet. Partnerschaft ist kein Zugeständnis fürs Betriebsklima. Partnerschaft ist eine Institution der Gerechtigkeit. Die Arbeitnehmer für Eigentumsbildung auf privates Sparen zu verweisen, wirft die Frage auf, ob denn das vorhandene private Kapital etwa auch durch privates Sparen zustande gekommen sei; oder ob nicht doch Gewinne, auch wenn sie noch so sinnvoll angelegt werden, die nur einer Seite zugute kommen, nicht eine Art von negativem Zwangssparen für die andere Seite ist, von der sie nichts hat, obwohl sie diese Gewinne mit erwirtschaftet hat. (Ist Flick zu seinem Vermögen gekommen, weil er abends ein Fläschchen Bier weniger getrunken hat?)

Eine investive Beteiligung der Arbeitnehmer am unternehmerischen Ertrag würde die Lohnverhandlungen entspannen. Ein Teil des Lohnes würde wie bisher im Vorhinein fest vereinbart werden (Standard-Lohn), ein zweiter Teil aber erst nachträglich abgerechnet werden (Ertragslohn), nämlich dann, wenn die Ernte in die Scheune eingefahren und der Ertrag erwirtschaftet ist. So wird mit der investiven Ertragsbeteiligung keiner über den Verteilungstisch gezogen. Wenn der „Standardlohn" zu niedrig vereinbart wurde, korrigiert die Ertragsbeteiligung das Minus. Gibt es nichts mehr zu verteilen, kann auch kein zweiter Verteilungsschritt erfolgen.

Herkömmlicher Standardlohn und neuer Ertragslohn sind die eigentliche Form des Kombilohns, der diesen Namen verdient.

Auf der reinen Konsumlohnlinie ist der gerechte Lohn nie erreichbar. Der „gerechte Lohn" ist zwar keine buchhalterisch quantifizierbare Größe, aber ohne Anteil am Ergebnis, das investiert werden soll, ist der gerechte Lohn prinzipiell nicht erreichbar. Holen sich auf der Konsumlohn-Schiene die Arbeiter zu viel heraus, nimmt die Inflation und/oder Arbeitslosigkeit auf der anderen Schiene wieder zurück, was zu viel war. So ziehen die Lohnempfänger immer den Kürzeren.

Eigentumsbildung in Arbeitnehmerhand entlastet auch die sozialen Sicherungssysteme, und zwar nicht über eine kapitalgedeckte Vorsorge, die von großen privaten Versicherungsgesellschaften verwaltet wird, sondern mit persönlichem Eigentum der Arbeitnehmer.

Die private kapitalgedeckte Vorsorge ist Teil des anonymen Konglomerats institutioneller Anleger, die den Zusammenhang mit der Arbeit verloren haben. Sie sind ein Teil des weltwirtschaftlichen Verwirrspiels, der die Unternehmen zu Filialen der Börse und Managern zu Funktionären der institutionellen Anleger gemacht hat. Eigentum in Arbeitnehmerhand würde dagegen den wild gewordenen Spekulationen wieder Bodenberührung mit den Realitäten verschaffen, indem sie das Kapital wieder an die Arbeit koppelt.

4. Solidarische Selbsthilfe

Die moderne Sozialpolitik hat seit ihrem Entstehen vor rund eineinhalb Jahrhunderten immer einen Zwei-Fronten-Krieg führen müssen. Für die einen war sie die Störung des Marktmechanismus, für die anderen eine Revolutionsbremse. Im besten Fall konnten sich die einen mit der Armenfürsorge abfinden, die sie als eine Ergänzung des Polizeirechtes sahen, für die anderen waren die sozialpolitischen Leistungen im besten Falle eine erste Abschlagszahlung für jene Umverteilung, die der Arbeiterschaft alles verschaffen sollte.

Die Sozialpolitiker mussten sich ihren Weg gegen die Einwände beider Seiten bahnen. Ihre Antworten waren Antworten auf die Nöte des Tages. Nicht immer systematisch, aber das Leben und die Not sind eben nicht immer systematisch.

Der biblische Samariter ist eine Leitfigur der Sozialpolitik. Der Samariter war Pragmatiker. Er hat nicht auf das Ergebnis einer Enquête-Kommission gewartet, welche die Unfallursache auf dem Weg zwischen Jericho und Jerusalem untersuchen sollte, sondern er hat gehandelt, auch ohne dass eine Rürup-Kommission ihm gesagt hätte, was er tun soll. Der Samariter handelte spontan. So verhinderte er, dass der unter die Räuber gefallene und verletzte Mensch verblutete.

Das ist viel, fast schon das Wichtigste, nämlich Lebensrettung. In der Sozialpolitik geht es jedoch nicht nur um Lebensrettung. Sozialpolitik ist nicht der Lazarettwagen, der hinter der wirtschaftlichen Entwicklung herfährt und die Fußkranken aufsammelt. Eine Sozialpolitik, die über den Tag hinausdenkt, muss überlegen, wie sie eine Ordnung schafft, in der möglichst niemand unter die Räuber fällt. Sie handelt vorausschauend und deckt den Brunnen ab, bevor das Kind hineingefallen ist. Das geht nicht ohne Gerechtigkeit.

Es gibt keine sich selbst genügende Sozialpolitik, so wenig es eine autarke Wirtschaftspolitik gibt. Beide müssen aufeinander Rücksicht nehmen. „Es ist oft von einem Gegensatz oder auch von einem Über- und Unterordnungsverhältnis gesprochen worden ... Durch Wandlungen der Gesellschafts- und Wirtschaftsstruktur, durch wirtschaftlichen Fortschritt und wohl am meisten durch die gewandelten Anschauungen der Menschen über die Aufgaben der Sozial- und Wirtschaftspolitik sind solche, schon früher wenig befriedigenden Begriffsdeutungen gänzlich unbrauchbar geworden", schreibt die Sozialenquete-Kommission 1966.

2006: Sind wir wieder zurückgefallen und die Sozialpolitik wieder bei der Arme-Leute-Fürsoge angekommen, wo ihr Plätzchen vor Bismarck war? Vorwärts – es geht zurück?

Sozialordnung – oder nur Sozialpolitik?

Die ordnungspolitische Frage ist aus der gegenwärtigen sozialpolitischen Diskussion fast verdrängt. Ein kleines Indiz für die Geringschätzung der ordnungspolitischen Aufgaben des Arbeitsministeriums liefert seine Einstufung in die Kabinettshackordnung. Eine Legislaturperiode lang war es untergepflügt im Wirtschaftsministerium. Jetzt ist es wieder aufgetaucht. Im neuen Firmenschild taucht allerdings nicht mehr der Name „... für Arbeit und Sozial*ordnung*" auf. Gekürzt heißt das Ministerium neuerdings „... für Arbeit und Soziales". Mit dem Begriff Sozialordnung ist die Erinnerung an Gerechtigkeit zur Sprache gebracht. Mit der Reduzierung auf „Soziales" lässt sich leichter die Dekorationsarbeit der Sozialpolitik für die Härten der Wirtschaftspolitik betreiben. Gerechtigkeit ade – ab zur Fürsorge!

Es entspricht dem Zeitgeist, der von allen Stammtischen bis zu den Versammlungen der Arbeitgeber Beifall findet für die Forderung, der Sozialstaat möge sich auf die Bedürftigen konzentrieren. Das klingt plausibel, dispensiert allerdings die Gerechtigkeitsfrage. Der Sozialstaat, der sich nur um die Bedürftigen kümmert, degeneriert sehr leicht zu einer Bedürfnisprüfungsanstalt, die ständig der Frage nachgeht: „Bist du arm, bist du reich, hast du Besitz oder keinen." Ein solcher Sozialstaat ist eine Variante des alten Obrigkeitsstaates, diesmal in der Maske des Wohltäters. Er degradiert die Sozialstaatsklientel zu Bittstellern und bestraft zu guter Letzt die Fleißigen und Anständigen. Ein Sozialstaat, der sich nur an Bedürftigkeit orientiert, muss ständig Formulare produzieren und Anträge prüfen. In der Logik dieses Systems ist es ratsam, den Umweg über Arbeit einzusparen und gleich zum Sozialamt zu gehen.

Sozialversicherung: Leistung für Gegenleistung

Die Sozialversicherung ist am Prinzip der Gerechtigkeit orientiert. Im Vordergrund der Rentenversicherung steht zum Beispiel das Prinzip der Äquivalenz. Wer viel und länger Beitrag zahlt, erhält eine höhere Rente als der, der weniger und kürzer Beitrag zahlte.

Die Sozialversicherung interessiert sich nur für die Frage: „Hast du Beitrag gezahlt und wie viel?" So wenig wie eine Feuerversicherung im Brandfalle den Geschädigten fragt, ob er noch ein anderes Haus hat, in das er ausweichen kann, so wenig kann es die Rentenversicherung interessieren, ob jemand reich oder arm ist. In der Vorleistung als Voraussetzung für Leistungsansprüche liegt der emanzipatorische Ansatz der bismarckschen Sozialpolitik. Das war der pädagogische Grund, warum sich Bismarck für ein beitragsbezogenes Sozialversicherungssystem entschied. Bismarck wollte mit diesem System die Selbständigkeit und das Selbstbewusstsein der Arbeiter stärken – freilich auch, um sie so aus der Anhänglichkeit an die Sozialdemokratie zu lösen.

Die Unfallversicherung als der ersten Sozialversicherung verdankt ihre stärksten Impulse den Arbeitgebern, die damit die Haftpflicht für Unfälle aus dem Streit im Betrieb heraushalten wollten. Das macht auf eine oft übersehene Funktion des Sozialstaates aufmerksam. Der Sozialstaat entlastet die Unternehmen. Erst nachdem die großen sozialen Risiken – Unfall, Invalidität, Krankheit – aus dem Betrieb externalisiert worden waren, konnte sich eine unternehmerische Ratio entwickeln, die sich im Wettbewerb bewährte und am Gewinn orientierte. So lange der Betrieb gleichzeitig Sozialstation war – wie im mittelalterlichen Zunftwesen –, konnte sich die Marktwirtschaft nicht entwickeln. Ohne Sozialstaat keine moderne Marktwirtschaft.

Ein Dilemma der DDR-Wirtschaft bestand auch darin, dass Unternehmen sozialstaatliche Aufgaben zugewiesen bekamen. Die Arbeitslosen standen unbeschäftigt in den Betrieben herum. Das war auch eine Art Arbeitslosenversicherung, allerdings ohne Rücksicht auf unternehmerische Produktivität.

In der Sozialversicherung geht es nicht nur ums Geldverteilen, sondern auch um Gerechtigkeit. Ein beitragsbezogenes System steht dem marktwirtschaftlichen Äquivalenzprinzip jedenfalls näher als zum Beispiel die biedenkopfsche Grundrente, die alle über einen Kamm schert und entweder jedem eine gleich hohe Rente gewährt und damit ein System der Verschwendung installiert, weil sie eine Grundrente ohne Vorleistung gewährt, auch für jene, die darauf gar nicht angewiesen sind. Oder es müssen Bedürftigkeitsprüfungen eingeführt werden, um zu klären, wer, wann und wodurch jemand bedürftig ist.

Für die Soziale Sicherung stehen zwei Grundkonzeptionen – freilich mit Varianten – zur Verfügung:
1. Eine Alterssicherung, deren Ziel die Armutsvermeidung ist. Das Ziel der Armutsvermeidung begrenzt die Einkommensungleichheit nach unten. Ein solches Ziel kann bei starker Einkommensdifferenzierung nur mit einer starken Einkommensumverteilung erreicht werden. Das ist eine

allgemein-staatliche Aufgabe und wird deshalb durch Steuern finanziert. Prototyp dieser Konzeption ist das angelsächsische System, das mit dem Namen von William Henry Beveridge verbunden ist. Es ist ein Fürsorgesystem, das dem Prinzip Barmherzigkeit folgt.

2. Das alternative System ist das beitragsbezogene Versicherungssystem. Dem entspricht unser kontinentaleuropäisches Sozialsystem. Sein Initiator war Otto von Bismarck. Ein beitragsbezogenes System bindet Leistungen an Vorleistungen. Die Rente ist also selbst verdient und nicht staatlich zugewiesen. Rente ist Alterslohn für Lebensleistung.

Das ist ein Versicherungssystem, das dem Prinzip der Gerechtigkeit entspricht.

Ich vertrete die Versicherungslösung. Die Gründe, die dafür sprechen, sind folgende:

1. Die Ansprüche der Sozialversicherung sind selbst erarbeitet und keine hoheitlichen Zuweisungen. Die Ansprüche der Rentenversicherung werden freilich nicht in Euro und Cent ausgedruckt, also nominell, sondern orientieren sich proportional an einem zukünftigen Sozialprodukt entsprechend der proportionalen Vorleistung durch Beiträge aus dem gegenwärtigen Sozialprodukt. Da alle Sozialleistungen dem laufenden Sozialprodukt entnommen werden, ist die Sicherheit der Rentenversicherung immer mit der Ergiebigkeit der Wirtschaft verbunden. Sie teilt dieses Schicksal zum Beispiel auch mit der Aktie, die von der jeweilig akuten Bewertung des Unternehmens abhängt, was allerdings eine größere Zahl von Unwägbarkeiten beinhaltet.

2. Das Sozialversicherungssystem hat einen eingebauten Widerstand gegen Anspruchsinflation. Wer mehr haben will, muss bereit sein, mehr Beiträge zu zahlen. Da allerdings die Beitragsbelastung Grenzen hat, hat auch die Leistungsausweitung ihre Grenzen. Diese Steuerung fehlt einem mit

Steuermitteln finanzierten Alterssicherungssystem. Dort findet ein jährlich wiederkehrender Verteilungskampf um die Steuermittel statt, wobei derjenige die größten Erfolgsaussichten hat, der das größte Druckpotential hat. Der die Finanzverantwortung stabilisierende Regelkreis zwischen Beitrag und Leistung ist ein Grund, warum Schweden seine Sozialpolitik stärker beitragsorientiert umbaut. Geisterfahrerhaft steuern wir hierzulande stärker auf Steuerabhängigkeit der Sozialpolitik zu. Der CDU-Vorschlag einer Kopfpauschale in der Krankenversicherung war von einem gigantischen Finanztransfer begleitet, um die Kopfpauschale für die niedrigeren Einkommen erträglich zu machen. Ein Beitrag muss diesen komplizierten Umweg nicht gehen. In seine Proportionalität ist bereits Rücksicht auf Belastbarkeit eingebaut.

3. Die interpersonale Umverteilung ist in den Fürsorgesystemen relativ höher. In der Rentenversicherung ist das Hauptgewicht der Umverteilung intertemporal. Es wird zwischen unterschiedlichen Lebensabschnitten umverteilt. Da jeder einmal jung war und die meisten auch alt werden, verliert die Umverteilung zwischen Personen ihr Gewicht und die zwischen Lebenszeiten tritt an ihre Stelle.

4. Die beitragsfinanzierten Systeme sind auch bestandssicherer. Ein mit Beiträgen erworbener Anspruch steht unter Eigentumsschutz. Die Rente kann also nicht beliebig abgesenkt werden, sondern nur bis zu jener Grenze, an der in der Regel der Beitragszahler weniger aus dem System erhalten würde, als er eingezahlt hat. Das wäre eine enteignungsähnliche Regelung.

Reformvarianten –
oder wie der Schuss nach hinten losgeht

Der Vorschlag, das deutsche Rentenversicherung durch das schweizerische zu ersetzen, übersieht, dass es sich bei dem Schweizer System um ein massives Umverteilungssystem handelt, weil von den Einkommen unbegrenzt Beitrag erhoben wird, die Gegenleistung aber begrenzt ist. Damit ist das Äquivalenzprinzip aus der Alterssicherung eliminiert. Die Alterssicherung wird zur zentralen Instanz der Verteilungsgerechtigkeit.

Die Verteilungsgerechtigkeit steht jedoch immer in Konflikten. Deshalb sollte man diese Aufgabe nicht in das Alterssicherungssystem integrieren, denn Alterssicherung ist auf eine hohe Beständigkeit angewiesen. Der Hauptplatz der Verteilungsgerechtigkeit ist das Steuersystem und nicht die Rente. Im Mittelpunkt unserer Alterssicherung steht das Äquivalenzprinzip, welches die ausgleichende Gerechtigkeit (Tauschgerechtigkeit) trägt. Obwohl man sich über die „Werte", die ausgetauscht werden sollen, streiten kann, ist das Äquivalenzprinzip unbestrittener, als es die Konkretisierung des Prinzips der Verhältnismäßigkeit ist, das der Verteilungsgerechtigkeit zugrunde liegt.

Die „Beiträge" zur Schweizer Rentenversicherung sind bei Licht betrachtet „Steuern".

Wer überhaupt die steuerfinanzierten Beiträge durch Steuern ersetzen will, gewinnt entgegen dem, was die Initiatoren dieses Vorschlags behaupten, keineswegs eine Entlastung für die Arbeitnehmer, denn was von den Steuern an Mitteln beigebracht wird, haben im Lohnsteuerstaat die Arbeitnehmer größtenteils selbst beigetragen. Drei Viertel der Einkommensteuer entfallen auf Lohnsteuereinnahmen.

Auch im Trend zur nivellierten Einheitssteuer gewinnen die Arbeitnehmer nichts durch einen Austausch des Beitrags durch Steuern.

Auch eine Finanzierung durch Verbrauchssteuern bringt keinen sozialpolitischen Gewinn. Verbrauchssteuern sind konjunkturanfälliger als die lohnbezogenen Beitragseinnahmen.

Verbrauchssteuern belasten die unteren Einkommen proportional stärker, weil ihr Haushaltsbudget einen höheren Anteil an Verbrauchsausgaben enthält.

Die Abkoppelung des Arbeitgeberbeitrages und der Übernahme der Arbeitgeberbeiträge durch die Arbeitnehmer scheint verteilungspolitisch neutral, wenn der Arbeitgeberbeitrag dem Arbeitnehmerbeitrag zugeschlagen und als erhöhter Lohn ausgezahlt würde. Das Kind Arbeitgeberbeitrag hätte nur einen anderen Namen. Doch ganz so harmlos wäre die Umleitung des Arbeitgeberbeitrags auf den Arbeitnehmerlohn nicht. Denn von dem höheren Lohn müssten höhere Steuern bezahlt werden.

Ohne Kompensation, also ohne Aufschlag auf den Lohn, wäre jedoch der Wegfall des Arbeitgeberbeitrags in der Sozialversicherung eine massive faktische Lohnkürzung, und zwar von rund 20 Prozent. Das würde selbst die neoliberalen Professoren vom Lehrstuhl hauen, wenn man ihnen zumuten würde, über Nacht ein Fünftel ihres Gehaltes für die gewünschte „Ordnungspolitik" zu opfern.

Die Abschaffung des Arbeitgeberbeitrages hätte allerdings auch zur Folge, dass die Arbeitgeber aus der Selbstverwaltung ausscheiden. Das wäre ein Verlust. Denn damit verschwände für unsere partnerschaftliche Sozialkultur ein wichtiger Sitz im Leben. In der Selbstverwaltung liegt ein wichtiger Übungsplatz für gemeinsame Verantwortung. Das hat die Vergangenheit gezeigt: Aus Klassengegnern wurden Partner. Mit dem Wegfall des Arbeitgeberbeitrags verzichten die Arbeitgeber auf Mitbestimmung des Sozialsystems. Der Verlust würde sogar größer, wenn die Selbstverwaltung mehr Aufgaben der Steuerung unseres Sozialsystems übernehmen würde. Das wäre ganz im Sinne der Stärkung der

Subsidiarität. Es gibt eben Arbeitgeberstrategen, welche die Kunst beherrschen, den Ast, auf dem sie sitzen, abzusägen, verbunden mit der Illusion, dabei nicht abzustürzen. Das schaffen aber noch nicht einmal Akrobaten. Einen Vorteil hätte allerdings die Abschaffung des Arbeitgeberbeitrages für die Arbeitgeberverbände: Sie müssten sich nicht mehr in der Krankenversicherung mit den Anbietern unter ihren Mitgliedern herumschlagen, die – wie die Pharmaindustrie – die Gesundheitskosten nach oben treiben.

Die Behauptung, dass die Arbeit mit naturgesetzlicher Unausweichlichkeit schwindet, wie der Schnee unter Sonnenbestrahlung schmilzt, stimmt im Übrigen nicht. In Westdeutschland stieg die Zahl der Erwerbspersonen, also derjenigen, die dem Arbeitsmarkt zur Verfügung stehen, zwischen 1970 und 2002 von 26,8 Millionen auf 32,7 Millionen, die Zahl der Erwerbstätigen in der gleichen Zeitspanne allerdings nur von 26,3 Millionen auf 30,1 Millionen. Die Zunahme der Arbeitslosigkeit von 149.000 auf 2,7 Millionen ist also auf einen stärkeren Anstieg der Erwerbswilligen zurückzuführen.

Auch die Entwicklung der Lohnquote bestätigt nicht „das Verschwinden der Arbeit".

1950: 58,2 Prozent Lohnquote, 1960: 60,1 Prozent, 1970: 68,0 Prozent, 1980: 75,8 Prozent, 1990: 90,6 Prozent, 1999: 71,4 Prozent.

Auf einer langen Strecke entwickelt sich die Lohnquote relativ gleichmäßig.

In den 70er Jahren betrug sie durchschnittlich 72,2 Prozent, in den 80er Jahren 73,7 Prozent, in den 90er Jahren 72,6 Prozent.

Verglichen mit 1950 und einer Lohnquote von 58,2 Prozent ist die Lohnquote von 1999 mit 71,4 Prozent sogar eine enorme Steigerung. Das gilt immer noch gegenüber 1960, wo die Lohnquote 60,1 Prozent betrug.

Von den Erwerbstätigen haben sich allerdings zum Schaden der Sozialversicherung viele durch die staatlich angebotenen Schlupflöcher aus der Beitragspflicht gemogelt. Nicht das Schwinden von Arbeit ist das Problem der Sozialversicherung, sondern dass die Beitragspflicht an einem Arbeitnehmerbegriff festgemacht wird, der überholt ist. „Scheinselbständigkeit" etc. ist ein Krückenbegriff, mit dem die alten Grenzlinien des Arbeitnehmerbegriffes am Leben erhalten werden sollen. Wir brauchen einen neuen Begriff der Arbeit, der umfassender ist als jener alte, der an Weisungsgebundenheit anknüpft. Arbeit ist mehr, als auf der Lohnsteuerkarte festgehalten wird.

Solidarität der Generationen

Das beitragsbezogene Umlagesystem verbindet auf einzigartige Weise individuelle Interessen mit solidarischen Pflichten. Der aktuelle Beitrag finanziert die aktuelle Rente. Die Jungen bezahlen für die Alten. Die nachfolgende Generation ernährt die vorhergehende. Das Umlagesystem ist die Konkretisierung des Zusammenhangs der Generationen, ohne die keine Gesellschaft überleben kann. Es bringt jedenfalls die Generationensolidarität besser zum Ausdruck als ein System, das sich damit brüstet, dass nur eine kapitalgedeckte Alterssicherung Eigenvorsorge sei.

Die Genialität des leistungsbezogenen Umlagesystems besteht darin, dass es das Maß der Sorge für die Vorgängergeneration zum Maß des proportionalen Anspruchs an die Nachfolgegeneration macht. Es verbindet also auf einzigartige Weise Solidarität und Selbsthilfe. Die Sozialversicherung ist ein System solidarischer Selbsthilfe. Die „Moral" des Umlagesystems besteht aus dem bewussten Eintreten einer Generation für die andere. Mit der Fiktion einer kapitalgedeckten Eigenvorsorge wird dagegen an den Egoismus appelliert.

Aber in solchen Kategorien denken die Experten für Lohn- und Lohnnebenkosten nie. Die Lohnkostenklempner werden nie ein Sozialsystem erfinden, das mehr ist als klappernde Mechanik. Es fehlt ihnen der Sinn für die Ideen, von denen menschliche Institutionen und Organisationen getragen werden.

Der Rentenversicherung liegt ein uralter Solidaritätsgedanken zugrunde:

Johann Peter Hebels *Schatzkästlein des rheinischen Hausfreundes* – vor 200 Jahren entstanden – enthält eine einfache Anekdote, in der die komplizierte Rentenformel kondensiert ist: „Ein Fürst traf auf einem Spazierritt einen fleißigen und frohen Landmann an dem Ackergeschäft an und ließ sich mit ihm in ein Gespräch ein." Der große Fürst fragte den Tagelöhner, wie er mit seinem Lohn zurechtkomme. Der brave Mann im Zwilchrock erwiderte ihm: „Es wäre mir übel gefehlt, wenn ich so viel brauchte. Mir muss ein Drittel davon genügen; mit einem Drittteile zahle ich meine Schulden ab, und den übrigen Drittteil lege ich auf Kapitalien an." Das war dem guten Fürsten ein neues Rätsel. Aber der fröhliche Landmann fuhr fort und sagt: „Ich teile meinen Verdienst mit meinen alten Eltern, die nicht mehr arbeiten können, und mit meinen Kindern, die es erst lernen müssen; jenen vergelte ich die Liebe, die sie mir in meiner Kindheit erwiesen haben, und von diesen hoffe ich, dass sie mich einst in meinem müden Alter auch nicht verlassen werden." Das ist das ganze Geheimnis des Generationenvertrages: Kredit geben und Schulden bezahlen. Ganz so idyllisch wie beim hebelschen Bauern geht es allerdings heute nicht mehr zu und war es wahrscheinlich damals auch nie. Aber das komplizierte „Rentenchinesisch" mit „Entgeltpunkten", „allgemeiner" und „persönlicher Bemessungsgrundlage" etc. ist in dieser kleinen Geschichte auf den Kerngehalt der Rentenversicherung eingedampft. Die Verteilungsproportionen zwischen Jung und Alt bleiben freilich im Zeitverlauf nicht starr und unverändert. In dem Moment, in dem die Bevölkerung expandiert oder schrumpft, stimmt des Bauern Faustregel „ein Drittel für die Kinder, ein Drittel für die Eltern und ein Drittel für sich selbst" nicht mehr. Sie stimmt nur, solange das Verhältnis von Jung und Alt im Gleichgewicht bleibt. Die Lastenverteilung zwischen Jung und Alt muss entsprechend dem veränderten Anteil der Jungen und Alten neu justiert werden. Die Armut des Proletariats in der Durchbruchphase der Industrialisierung hatte paradoxerweise in dem Kinderreichtum seinen Grund, der den neu gewonnenen Produktivitätsfortschritt auffraß. Auf der anderen Seite bringt ein abrupter Bevölkerungsrückgang die Generationenwaage ebenfalls aus dem Gleichgewicht. Schrumpfende Gesellschaften haben ein Übergewicht der Alten. Die Bevölkerung schrumpft und weniger Erwerbstätige müssen mehr Ältere ernähren. Das veränderte Verhältnis von Beitragszahlern und Rentnern muss sich auch in einem veränderten „Generationenvertrag" niederschlagen. Solange sich Geburt und Tod die Waage hielten, brauchte die Demografie in der Rentenformel nicht berücksichtigt zu werden. Das ist jetzt anders.

Dem Rentensystem liegt eine moralische Konzeption zugrunde. Wenn die Sozialpolitik den ideellen Kern von Umlage und Arbeit als Konstruktionselemente der Alterssicherung nicht freilegen, wird das Rentensystem ein ewiger Balg im Kostenstreit sein, an dem die Interessenshunde zerren.

Gesundheit

Die im Reformrausch des Leipziger CDU-Parteitags beschlossene Kopfpauschale in der Krankenversicherung war ein Flop, bevor sie überhaupt das Licht der Realität erblickte. Dass der Fahrer dieselbe Pauschale für seine Krankenversicherung bezahlt wie sein auf dem Rücksitz mitfahrender

Chef, widerspricht den elementaren Gerechtigkeitsgefühlen der Menschen. Die Kopfpauschale damit zu begründen, dass die Krankheiten gleich viel kosten, egal bei wem sie auftreten, übersieht, dass Krankheiten bei den einen mehr, bei den anderen weniger auftreten. Das ist der Grund, warum die Privatversicherung risikoabhängige Beiträge verlangt. Von einem Jungen und Gesunden eben weniger als von einem Älteren und Kranken. Obwohl für beide die Heilung zum Beispiel eines Herzinfarktes gleich viel Geld kostet. An dem Beispiel sieht man die Halbheiten, die mit der Idee der Kopfpauschale verbunden sind. Die Kopfpauschale wird auch nicht dadurch sozialer, dass den sozial Schwachen ein staatlicher Zuschuss versprochen wurde, denn wenn er gezahlt werden sollte, von welchem Geld denn? Zumal dann, wenn man gleichzeitig eine Steuerreform durchführen will, wie die CDU sie als Entlastungsprogramm vorgeschlagen hatte. Aber selbst wenn das gelänge, müsste auch noch gefragt werden, wer denn einen staatlichen Zuschuss erhalten solle. Das kann schlecht nur von Lohneinnahmen abhängig gemacht werden, denn sonst müsste die teilzeitarbeitende Millionärsgattin möglicherweise einen Zuschuss erhalten. Also geht es wieder – siehe Hartz IV – in die Bedürftigkeitsmanie. Das große Entgegenkommen, das niemandem mehr als 6 Prozent seines Einkommens abverlangen würde, ist ein schwacher Trost, denn 6 Prozent von einem Einkommen von 1000 Euro ist prozentual noch immer mehr als eine Kopfpauschale von beispielsweise 200 Euro für einen, der 4000 Euro monatlich verdient. Über den aktuellen Vorschlag, einen Fonds einzurichten, in dem auf der einen Seite proportionale Beiträge von den Versicherten eingezahlt werden und auf der anderen Seite Kopfpauschalen an die Krankenversicherung ausgezahlt werden, braucht man nicht viel Worte zu verlieren. Die Einnahmen sollen nach sozialdemokratischer Vorstellung also beitragsbezogen organisiert werden, der Ausgang aus dem Fonds christdemokratischer

Vorlieben dann allerdings kopfpauschaliert geformt sein. Das ist der Versuch, ein Haus von zwei Architekten entwerfen zu lassen, die sich nicht auf einen gemeinsamen Entwurf einigen können. Das bürokratische Monstrum ist das Ergebnis der großkoalitionären Verlegenheit, aus zwei gegensätzlichen Vorschlägen – Bürgerversicherung contra Kopfpauschale – ein Modell zu bauen. Das Vorhaben ist dem Versuch vergleichbar, aus der Kreuzung von Regenwurm und Igel einen Stacheldraht zu züchten.

Das neoliberale Mantra Wettbewerb dient auch in der gesundheitspolitischen Diskussion als Denkersatz. Immer, wenn Diskussionen festgefahren sind oder die Anstrengung zum Detail zu viel Mühe kostet, ruft jemand „Wettbewerb", und wie der gordische Knoten sich unter dem Schwerthieb des großen Alexander auflöste, so löst der Wettbewerb scheinbar alle Probleme der Gesundheitspolitik. Niemand bestreitet, dass Wettbewerb Initiativen und Innovation befördert. Die staatlichen Gesundheitssysteme mit Wartelisten und Qualitätsdefiziten sind keine verlockende Alternative. Dennoch ist der Wettbewerb nur ein begrenztes Steuerungsinstrument im Gesundheitssystem. Preis- und Nutzenbewertung finden in zeitlich unterschiedlichen Lebenssituationen statt. Die Jungen bewerten bevorzugt die Höhe des Beitragssatzes, die Älteren die Qualität der Leistungen. 80 Prozent der Versicherten benötigen 20 Prozent der Leistungen. Diese, die Vielen mit relativ wenig Versorgungsbedarf, sind vor allem an den niedrigeren Beiträgen interessiert. Es muss bezweifelt werden, ob unter diesen Umständen allein über Wettbewerb ein optimales Austarieren von Kosten und Nutzen möglich ist.

Die den Wettbewerb regelnde Gerechtigkeit ist die ausgleichende Gerechtigkeit, auch Tauschgerechtigkeit genannt. Das Prinzip, auf dem die ausgleichende Gerechtigkeit basiert, ist das Prinzip der Äquivalenz. Zur Bewertung der Gleichwertigkeit ist ausreichende Information auf beiden Seiten des Tauschvorgängers unerlässlich. Die Informationssymmetrie ist in den Beziehungen zwischen Arzt und Patient nicht gegeben. Kein Patient kann beurteilen, ob zum Beispiel eine Kernspintomografie zur Diagnose seines Leidens eingesetzt werden muss. Auf der anderen Seite ist auch unter herrschenden Honorarregeln der Arzt relativ hilflos, Patientenwünsche abzulehnen, weil der „Kunde" den „Anbieter" leicht wechseln kann, falls er von ihm nicht erhält, was er will, auch wenn dafür keine medizinische Notwendigkeit besteht. Es ist deshalb nicht verwunderlich, dass in fast allen Kulturen der Arztberuf näher dem Priesterberuf angesiedelt war als bei den „Geschäftsleuten". Der „Medizinmann" war immer etwas Besonderes. Das Berufsethos des Arztes ist der Schlüssel für ein humanes Gesundheitssystem. Es kann nicht bürokratisch ersetzt werden.

Das Äquivalenzprinzip, welches den Tausch der Leistungen steuert, ist nicht naturwüchsig. Es ist eingebettet in Bedingungen, von denen seine Funktionsfähigkeit abhängt. Wenn bei jedem Problem, das in der Krankenversicherung entsteht, gebetsmühlenhaft „Wettbewerb, Wettbewerb" als Rezept für alles gerufen wird, so erinnert das an den Zoologie-Prüfling, der auf das Thema „Würmer" vorbereitet war und der, als er nach „Elefanten" gefragt wurde, einfach antwortete: „Der Elefant ist ein Säugetier. Es hat einen wurmartigen Rüssel. Es gibt folgende Arten von Würmern …".

Ob Bürgerversicherung oder Kopfpauschale: Beide Vorschläge zielen nur auf die Einnahmeseite. Mit anderen Worten: sie gehen der Frage nach: Wie komme ich ans Geld der Leute? Mehr Mut wird allerdings verlangt, wenn auf der Ausgabenseite geklärt werden muss, für was Solidarität zuständig ist. Bei der Beantwortung dieser Frage kommt man mit mächtigen Interessenverbänden ins Gedränge, die in der Verteidigung ihrer Profite nicht zimperlich sind. So hat der wohlangesehene Pharmaverband gegen eine Gesundheitsreform, die ich vertreten habe, Plakate kleben lassen mit der Aufschrift: „Keine Medikamente mehr für Aids- und Krebskranke." Die Herren in Nadelstreifen scheuten sich auch nicht vor dem Tabubruch, mit der Angst vor dem Tod ihre Interessensgeschäfte machen zu wollen. Dass die Behauptung eine Lüge war, steht noch auf einem anderen Blatt. Wir brauchen den Mut, den Mächtigen im Gesundheitskomplex in die Quere zu kommen. Dafür braucht man allerdings eine Vorstellung von dem, was eigentlich Gesundheit ist und wofür Solidarität eintreten muss.

Das Dilemma der Gesundheitspolitik ist nicht mit einer nackten Kostendämpfungspolitik aufzulösen. Auch hier geht es um tieferliegende Gründe. Wer nicht recht weiß, was Gesundheit ist, wird sich mit Lösungen immer tiefer im Knäuel von Detailfragen verheddern. Wenn die Definition, welche die Weltgesundheitsorganisation für Gesundheit verwendet, nämlich „physisches, psychisches und soziales Wohlbefinden" zur Grundlage der Risikodefinition gemacht wird, welche die Krankenversicherung abdeckt, gibt es bald nichts mehr, was nicht „auf Krankenschein" behandelt werden kann, vom Liebeskummer bis zum Schädelbasisbruch.

Was muss solidarisch finanziert werden? Das ist die Frage, deren Beantwortung einer Mutprobe entspricht. Die Pharmaindustrie wird jedes ihrer Mittelchen, Pillen und Tröpfchen zum Lebensretter erklären. Die Krankenversicherung kann nicht alles zahlen, was die Lobbyisten wünschen. Eine Positivliste von Arzneimitteln, die ständig erneuert wird, schafft die erste Solidaritätsgrenze. Nicht jede Wohlfühlaktion ist eine Sache, welche die Krankenversicherung bezahlt, weil nicht jedes Unwohlsein eine Krankheit ist.

Was ist Gesundheit? Ohne die Frage nach dem Sinn von Leiden, Krankheit und Tod wird es keine plausible Bestimmung dafür geben, wofür das Solidaritätsprinzip in der Krankenversicherung dient. Reform ohne prinzipielles Konzept ist wie ein Kampf mit der Hydra, der immer neue Köpfe wachsen, so viele ihr auch abgeschlagen werden.

Der geschäftlich-gesundheitliche Komplex ist zu einer Art

Religionsersatz geworden, wobei eine erstaunlich stille Assimilation aus dem Bereich gelang, den der Komplex ersetzt. Ärzte sind die neuen Götter in Weiß. Die Pillen sind die Hostien in den Gesundheitsmessen. Die Chefarzt-Visite im Krankenhaus hat viel Ähnlichkeit mit liturgischen Prozessionsformen einschließlich der Ministrantenformationen. Anstelle der Kirchenbauten sind die Fitness-Studios getreten, in denen heute schon mehr Besucher sind als in den sonntäglichen katholischen Gottesdiensten (2000: Fitness-Studio 4,59 Millionen, Sonntagsgottesdienst: 4,42 Millionen). Selbst die Bußübungen finden ihre Fortsetzung in den Kasteiungen für Gesundheit und Schönheit, die an asketischer Härte denen ihrer Vorbilder nicht nachstehen. Die Angst um das Heil der Gesundheit hat die Angst ums Seelenheil beerbt. Wir führen unser Leben mehr nach Gesundheits- als nach moralischen Regeln. Das Rauchverbot steht stärker unter öffentlicher Aufmerksamkeit als der Diebstahl. „Die Medizin ist so weit fortgeschritten, dass niemand mehr gesund ist", schrieb Aldous Huxley. Das ist auf überraschende Weise richtig, wenn die Befunde von Professor Rudolf Groß stimmen: Nach 5 Untersuchungen sind noch 95 Prozent der Untersuchten gesund, und bei 20 Untersuchungen verlassen nur noch 36 Prozent die Gesundheitsprüfung als Gesunde. Rechenaufgabe: „Nach wie vielen Untersuchungen sind alle Untersuchten sterbenskrank?" „Über die Verborgenheit der Gesundheit" meditierte der über hundertjährige Hans Gadamer und erinnerte an die Weisheit der Alten, dass, wenn man ihr zu nahe tritt, sie herstellen und beherrschen will, das Unwägbare aus ihr entschwindet. Deshalb empfanden sich die großen Ärzte auch mehr als Partner der Natur (*medicus curat, natura sanat* – der Arzt behandelt, die Natur heilt) und nicht als ihr Zuchtmeister.

Das Gesundheitssystem wird unbezahlbar, wenn Gesundheit als das höchste Gut der Menschen erklärt wird.

Solange der Tod aus dem Bewusstsein der Menschen verdrängt wird, weil wir offenbar anders den Gedanken an den Tod Gottes nicht aushalten können, wird jedes Gesundheitssystem zusammenbrechen. Es ist nämlich trotz allem medizinischen Fortschritt nicht in der Lage, Transzendenz zu ersetzen. Der Verlust der Transzendenz treibt die Medizin in einen heillosen Wettstreit mit dem Tod, den sie nie gewinnen kann. Wir treiben die Diagnose immer weiter. Aber sie behält ihren Vorsprung vor der Therapie. Wir sterben und wissen besser als je zuvor, an was wir sterben, aber wir sterben.

Ich kenne glückliche Kranke und unglückliche Gesunde. Und auch ich bin lieber gesund als krank. Aber warum mir jeder zum Geburtstag „vor allem Gesundheit wünscht", habe ich an keinem Geburtstag verstanden. Wenn Gesundheit das Höchste ist, dann lasst uns Wohlfühlhäuser bauen, in denen wir unser Leben verbringen.

Krankenversicherungsreformen, die lediglich die Institutionen umbauen, ohne Gesinnungen zu verändern, werden sich festfahren, auch wenn die Reformen immer schneller rotieren.

Die Wellness-Gesellschaft wird unbezahlbar. In der Wellness-Kultur werden die Menschen nicht glücklich sein. Sie werden den Tod aus dem Bewusstsein verdrängen und Leiden um jeden Preis zu verhindern suchen. Und doch werden die Flüchtenden eingeholt.

Homer war blind, Ludwig van Beethoven taub, Immanuel Kant von gebrechlicher Statur. Obwohl mit schwächlicher Gesundheit ausgestattet, haben sie die Menschheit stärker bereichert als viele starke Männer. Der Wert des Menschen wird nicht in Pferdestärken gemessen. Thomas Mann kränkelte ein Leben lang und pflegte seine Unpässlichkeiten mimosenhaft. Friedrich Nietzsche wünschte sich nur so viel Gesundheit, dass seine Schaffenskraft nicht durch Krankheit beeinträchtigt würde. Die Krise des Gesundheitssystems ist mehr eine kulturelle Krise als eine sozialpolitische Verlegenheit.

Vielleicht nistet in ihr sogar die verdrängte Frage nach dem Sinn des Lebens.

Die Steigerung der Kosten des Gesundheitssystems hängt mehr von der Entwicklung des Wohlstandes als von der Art des Gesundheitssystems ab. Je höher der Wohlstand, desto größer die Gesundheitsausgaben. Der in Princeton lehrende Gesundheitsökonom Uwe E. Reinhard hat den weltweiten Zusammenhang nachgewiesen. Auf 10 Prozent Sozialprodukt-steigerung folgten 14 Prozent Erhöhung der Gesundheitsausgaben. Selbst die demographische Entwicklung spielt für die Ausgabenentwicklung eine erheblich geringere Rolle. Für den Zeitraum von 40 Jahren errechnete Reinhard eine Steigerung der US-Gesundheitsausgaben von 2.400 Prozent. Davon entfielen nur 24 Prozent auf demographische Veränderungen.

Die Frage ist also weniger eine Systemfrage, sondern eher, was Gesundheit ist und wie viel wir dafür zahlen wollen. Es ist dabei zunächst unerheblich, ob privat, sozialversichert oder staatlich. Alle drei sind teuer.

Das Gesundheitssystem der USA, das stark durch Privatversicherung geprägt ist, gehört zu den teuersten. Jeder siebte Dollar wird für Gesundheit ausgegeben. Dafür ist es auch viel schlechter als unseres. Millionen von Amerikanern sind überhaupt nicht krankenversichert. Andererseits ist auch das staatsfinanzierte britische Gesundheitssystem maroder und vor allem von einer Versorgungsqualität, die weit unter unserem Krankenversicherungsniveau liegt.

Die Frage ist, was solidarisch in einem Pflichtsystem finanziert werden soll und wie viel freiwillig in einer Privatversicherung. Die Antwort darauf ist dann freilich keine rein ökonomische, sondern eine Frage nach den Gerechtigkeitsvorstellungen unserer Gesellschaft. Dieser Streit lohnt sich.

Wie viel Eigenleistung? Wie viel Solidarität? Das ist eine Diskussion über Werte.

Fonds, Kopfpauschale geben vornehmlich nur Antwort auf die Frage, wie das Geld der Versicherten angezapft wird. So steht Kostenmanagement, nicht Gerechtigkeit stehen im Mittelpunkt der Gesundheitspolitik.

Selbständige Sozialversicherung

Die Zukunft des sozialen Sicherungssystems, für das ich kämpfe, liegt in einer Stärkung des Versicherungsgedankens und einer stärkeren Unabhängigkeit der sozialen Sicherungssysteme von staatlichen Interventionen. Die Sozialversicherung muss von der staatlichen Gesetzgebung abgehängt und ein selbstverwaltetes, sich selbst steuerndes System werden. Das entspricht dem Subsidiaritätsprinzip, entlastet den Staat von Konflikten und stärkt die Selbstverantwortung der Menschen. Sozialversicherung wird so noch stärker zu einer Institution der solidarischen Selbsthilfe. Die Sünden der Sozialpolitik gegen das Versicherungsprinzip sind offenkundig und landläufig unter dem Begriff „Verschiebebahnhof" bekannt. Sie haben durch die „Hartz-Gesetzgebung" einen neuen Höhepunkt erreicht. Beim Übergang von Arbeitslosengeld I zu Arbeitslosengeld II lässt sich der Bund einen kompletten Jahresbetrag des Arbeitslosengeldes von rund 10.000 Euro von der Bundesagentur bezahlen. Die Beitragszahler subventionieren also eine staatliche Fürsorgeleistung. Schon vorher erhielten aus Beitragsgeldern private Vermittler Prämien für Vermittlung. Beitragsgelder werden also zur Förderung von privaten, auf Gewinn gerichtete, Unternehmen eingesetzt. In der Krankenversicherung haben die Krankenkassen nach einer Studie von Fritz Beske das Steuerbudget zwischen 1995 und 2006 mit rund 50 Milliarden Euro subventioniert. Der Bundeszuschuss zur Rentenversicherung deckt die Fremdleistung korrekt ab.

Das Ideal, das ich vertrete, ist ein Sozialstaat, der auf zwei Prinzipien aufbaut: Gerechtigkeit und Barmherzigkeit. Im Zentrum der Sozialversicherung steht das Prinzip der Gerechtigkeit. Sie beansprucht mit belastungsproportionalen Beiträgen. Renten, Arbeitslosengeld und Krankengeld werden an das Äquivalenzprinzip: „Leistung für Gegenleistung", „Beitrag für Ansprüche" gebunden. Die Reformrichtung, die ich bevorzuge, ist ein solidarisches, jedoch weitgehend staatsfreies, sich selbst steuerndes System sozialer Sicherheit. Die Selbständigkeit der Sozialversicherung wird durch Selbstverwaltung gestärkt. Der Staat zahlt nur für die Leistungen an die Sozialversicherung Geld, die sie in seinem Auftrag (Fremdleistungen) übernommen hat.

Zwischen Beitragsfinanzierung durch die Versicherten und staatliche Transferpolitik muss eine Brandmauer errichtet werden. Das Mischsystem verwischt Verantwortungen. Es muss geklärt werden, was Sozialversicherungsaufgabe und was staatliche Aufgabe ist. Die Umschulungen in der Arbeitsmarktpolitik sind beispielsweise ein Zweig der Bildungspolitik und nicht Finanzierungsaufgabe der Beitragszahler. Wenn ein Chemiker ein Zweitstudium beginnt, bezahlt das der Steuerzahler. Wenn der Schreiner zum Informatiker umschult, bezahlen das die Beitragszahler. Wo ist die Logik dieser Aufgabenteilung?

Die sachgerechte Zuordnung unter dem Gesichtspunkt der Subsidiarität wäre eine Entstaatlichung, die nicht zur Privatisierung führt, sondern die Solidarität stärkt.

Unterhalb der Sozialversicherung bleibt als das letzte Netz die Fürsorge. Sie entspricht dem Prinzip der Barmherzigkeit. Barmherzigkeit springt dort ein, wo die Gerechtigkeit nicht mehr helfen kann.

Die Zukunft unseres Sozialstaates liegt weder in der Mobilisierung von Einzelinteressen noch in der Installierung einer staatliche Betreuungsmaschine. Sie liegt in der Aktivierung solidarischer Selbsthilfe, also der Stabilisierung der kleinen Kreise, wozu die selbständige Sozialversicherung zählt. Eine selbstverwaltete Sozialversicherung überlastet weder den Staat noch lässt sie den Einzelnen allein. Sie funktioniert im Idealfall als sich selbst steuernder Regelkreis ohne staatliche Intervention. Selbstverwaltete, sich selbst steuernde Sozialversicherung ist eine Institution der subsidiären Solidarität.

Die historische Herausforderung, der die westliche Zivilisation ausgesetzt ist, besteht darin, ihren Zusammenhalt zu wahren, ohne dafür auf Freiheit verzichten zu müssen. Es geht um eine neue Balance zwischen Solidarität und Freiheit, Mit- und Eigenverantwortung. Die Ordnung der Balance bedarf der Gerechtigkeit.

Über die Fahrtrichtung unseres Sozialstaates muss gestritten werden. Entweder individuell oder solidarisch, und wenn solidarisch, dann entweder staatlich oder subsidiär, also selbstverwaltet. Das sind alternative Weichenstellungen anstelle des Versuchs, im Labyrinth der Bürokratie einen Ausgang zu finden.

Die Zukunft ist wie eine große, abenteuerliche Schiffsreise. Der Himmel ist bedeckt. Die See ist stürmisch. Ohne Kompass wird die Reise eine Irrfahrt.

Der *homo oeconomicus* hat nur eine Frage: „Wie hoch ist der Fahrpreis", und nur einen Vorschlag: „Die Löhne der Matrosen müssen gesenkt werden." Wir sollten fragen: „Wohin geht die Reise?" Der Kompass, dem wir folgen sollten, heißt Gerechtigkeit.

Werden meine Enkel Lilian, Malou, Franka, Felize, Linus und Gilbert in einer Welt leben, die jenes Maß an Gerechtigkeit ermöglicht, ohne das friedliches Zusammenleben keine Zukunft hat?

Exkursion: Aus Erfahrung klüger werden

Das Alter hat viel Rückblick, die Jugend mehr Ausblick. Die Großväter erzählen so gerne von der Vergangenheit wie alte Soldaten von längst vergangenen Schlachten. Und dass früher alles besser war, das wusste schon meine gute alte Großmutter. Streng hielt sie mir vor: „Die Kinder waren früher fleißiger, frommer und anständiger". Unausgesprochen blieb: „... als du". Haften blieb bei mir: Die Gegenwart ist dunkel, die Vergangenheit ist sonnig.

Diesem Kinderglauben bin ich längst entwachsen. Wenn es um Zukunft geht, haben die Enkel ein größeres Stück vor sich als die Großeltern. Den Enkeln widme ich dieses Buch.

Von der Vergangenheit bleiben die Erfahrungen, die es wert sind, weitergegeben zu werden. Zu meinen Erfahrungen gehört: die besten Ziele sind Ziele, von denen Menschen überzeugt sind, dass sie gerecht sind. Ideen, welche die Köpfe und Herzen der Menschen ergreifen, sind eine Macht.

Am schwierigsten wird es in der Politik, wenn nur um Vorteile gefeilscht wird. Da verlieren Interessenvertreter schon einmal die Selbstbeherrschung. Etwa wenn der bekannte Lohnzusatzkosten-Niederkämpfer Henkel alle seine großen Worte vergaß, wenn es um die Interessen seiner eigenen Klientel ging. Dann kämpfte er beispielsweise für bessere Vorruhestandsbedingungen in der Montanindustrie, was die Lohnnebenkosten in die Höhe trieb, die der BDI-Präsident Henkel dann anschließend wieder geißelte. Der Schutzpatron der Lobbyisten ist der Heilige Florian: „Schütz unser Haus, steck das des Nachbarn an."

Deswegen rate ich zu einer eingebauten Skepsis gegen Lobbyismus.

Zu den großen glücklichen Projekten, die ich erlebt habe, gehört die Deutsche Einheit. Der Sozialstaat hat im Einigungsprozess seine große Bewährungsprobe bestanden. Innerhalb von zwei Wochen waren 4 Millionen DDR-Renten umgestellt, ausgerechnet und ausgezahlt. 4 Wochen hatten die Arbeitsämter Zeit, um mit 12.000 Mitarbeitern die Arbeitsverwaltung aufzubauen, von denen 9000 noch nie das Arbeitsförderungsgesetz gelesen hatten. In einem halben Jahr stand ein geglie-

dertes, selbstverwaltetes Krankenversicherungssystem. Ar-
beitsbeschaffungsmaßnahmen, viel gescholten, wurden aus
dem Boden gestampft. Aber was wäre ohne sie gewesen? Die
Wiedervereinigung hätte im Westen stattgefunden. Ganze Re-
gionen waren plötzlich ohne Beschäftigung. Die Jungen wären
abgehauen. Da waren die Arbeitsbeschaffungsmaßnahmen
ein Rettungsanker. Wir haben im Übrigen alle Sozialversiche-
rungssysteme mit vielen Milliarden angeschoben. Und selbst
wenn die Rentenkasse 1990 nur mit Steuergeldern finanziert
worden wäre, wäre der heutige Beitragssatz genauso hoch.
Wer anderes behauptet, hat das Umlagesystem nicht verstan-
den. Immer werden die aktuellen Renten aus den aktuellen
Beiträgen bezahlt.

Die sozialstaatliche Einigung war vergleichbar dem Ver-
such, zwei Güterzüge während der Fahrt umzuladen, die
auch noch in entgegengesetzter Richtung fuhren.

Dass es gelungen ist, verdanken wir nicht nur Gesetzen,
sondern vor allem Tausenden von Mitarbeitern in Ost und
West, die über alle Schatten des Gewohnten und Pflichtmäßi-
gen gesprungen sind und den gemeinsamen Sozialstaat auf-
gebaut haben. Mein Respekt gehört den Menschen aus der
DDR, die über Nacht eine große Systemänderung zu bewälti-
gen hatten, und Menschen aus dem Westen, die sich auf den
Weg gemacht haben, um in den neuen Ländern mitzuhelfen,
Sozialstaatsinstitutionen aufzubauen.

Mehr als alle theoretischen Beschwörungen der Solidarität
hat mich das praktische Beispiel eines AOK-Angestellten be-
eindruckt, der einen neuen Direktor in Thüringen vier Wo-
chen lang anlernte. Nachdem dies gelungen war, war sein
Schüler Direktor, und er fuhr wieder zurück nach Süddeutsch-
land und sitzt seitdem wahrscheinlich immer noch am AOK-
Schalter zwischen L und T, um Kunden zu betreuen. Und er
tut das ohne Neid, sondern mit dem stolzen Gefühl, dass er
etwas Gutes gemacht und an einer großen Aufgabe mit-
gewirkt hat.

Ja, es war sehr viel Idealismus unterwegs; damals – 1990. Wir haben ihn nicht ausreichend ernstgenommen, sondern sind sogar ängstlich zurückgewichen vor den Geldzählern. Eine Steuererhöhung hätte unser anschließendes Hickhack über Solidaritätszuschlag vermieden und uns eine höhere Verschuldung erspart.

Ideen sind wichtiger als Geld, Menschen sind wichtiger als Paragraphen. Ohne die Idee der Gerechtigkeit läuft jede Reform ins Leere.

Gesinnungs- oder Zustandsreform: Was kommt zuerst? Ohne Gesinnung sind Institutionen wie leerstehende Wohnungen: man kann sie mit allem Möglichen möblieren. Ohne Institutionen sind Gesinnungen wie heiße Luft: Sie steigt hoch in die Wolken. Also braucht jede Reform beides: Veränderung des Bewusstseins und Veränderung der Institution. Das eine ohne das andere kommt so wenig voran wie ein Mensch, der auf einem Bein steht.

Gerechtigkeit ist eine Tugend und ein soziales Prinzip. Es geht um das Glück von Menschen. Sie suchen nach einem gelungenen Leben in einer guten Gesellschaft. Diese Suche wird nie enden, solange Menschen leben.

Schöner als „Morgenstern" und „Abendstern" nannte Aristoteles die Gerechtigkeit. Wenn die Nacht zurückweicht, erscheint der Morgenstern, und der Abendstern kündigt den Feierabend an.

Anfang und Ende aller Anstrengungen werden von der Gerechtigkeit geleitet, so wie der Morgen- und der Abendstern die Nacht begrenzt und erleuchtet.

Ich vertraue auf die Weltmacht der Gerechtigkeit. Sie wird stärker.